脇道にそれる

〈正しさ〉を手放すということ

尹雄大
Yoon Woong-Dae

春秋社

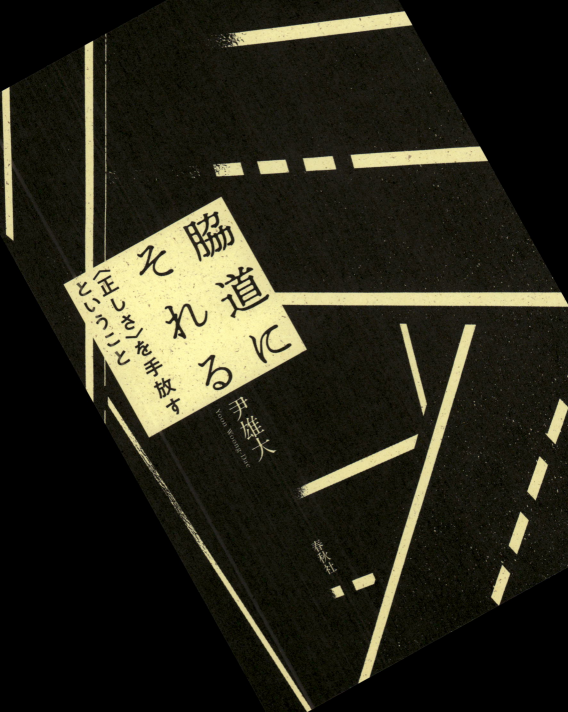

はじめに

繰り返し想い起こす景色というものが人それぞれにあるはずだ。鮮やかに覚えているようで、その意味するところをはっきりと描き出すことはかなわない。それでも何か大事なことがしまいこまれている気がして、時おり胸底を覗き込んでみる。

まだ神戸の街が地震で破却されていなかった、学生時分の話だ。ある日、私は上級生のMに誘われ、駅の南に広がる地区の公民館に出かけた。そこでは学生ボランティアが、授業についていけない、読み書きに難儀している子供たちの学習の手伝いをしていた。

Mは部落解放研究会や労働問題研究会といった、硬派なサークルに所属していた。「ロシアの血が入っている」と冗談めかして話すのを幾度か聞いたことがある。ぎょろりとした目と大きな鼻に無精髭。言われればそのようにも見える面相をしていた。猫背にヨレヨレのコートを引っ掛け、缶コーヒーを片手に始終タバコを吸うMのどこか投げやりな雰囲気は、バブルの絶頂期を迎えつつある世相にはそぐわない印象を周囲に与えていた。

Mは私に会うたびに「もっと世間を見んとあかんよ」と言った。確かに私は神戸の山手育ちで世事に疎《うと》かった。彼は浮かれた社会にも陰影はあるのだと、その一端を私に見せるつもりでボランティアに誘ったのだろう。

あくまで見学のつもりが、会の主催者に「せっかくだから」と請われ、教科書を片手に日本史を急遽教えることになった。子供たちは総じて人懐こく、下準備もないまま始めた拙《つたな》い「授業」にも耳を傾けてくれた。いつものボランティアスタッフではない、初めて出会う私に新味を覚えたようで、しきりと質問を投げかけてきた。

「また来てください」と皆に手を振って送られ、私はMとともに暇《いとま》を告げた。駅に向かう道は混みいった家屋を縫うようにして続いていた。寒月が路地を明るく照らしてはいるものの、道は曲がり見通しも悪い。抜けのない景観もあいまって、自分がどこにいるかさっぱりわからなかった。自分の住んでいるところとはあまりに違う町割りや雰囲気に馴染めなかった。

しばらく行くと銭湯が目にとまった。入り口の脇に老婆が陣取り、七輪の炭を熾《おこ》していた。そのまま過ぎようとしたものの、どうにも気にかかる。私は、その場に取って返した。

腰の高さの台に見たことのない器具が据えられていた。一見するとたこ焼き器のようだが、半円の深みがない。浅い窪みのついた小さな箱状の鉄板に、たこ焼きと同じ要領で水で溶いた小麦粉を注いでいく。指先部分を切り落とした軍手をはめた老婆は、鍋から具と思しきものをつまむと、鉄板のへこみに少しずつ落とし始めた。「それ、何なん？」とMが聞く。老婆は「スジ肉とこんにゃくの炊いたやつや」と答えた。醤油で甘辛く煮たものと見えるそれは、とても細かく刻まれていた。「この食べ物、何と言うんですか？」。私の問いに老婆はそっけなく「ちょぼ焼きや」と返した。

後になって、たこ焼きの前身は、スジ肉を用いたラジオ焼き、またこんにゃくや紅ショウガを入れたちょぼ焼きと呼ばれる食べ物だったということを本で知った。

それに則《のっと》るなら、ちょぼ焼きにはスジ肉は使われていないはずだから、彼女の作っていたものはラジオ焼きにあたる。しかし、それならばたこ焼きと同じく球状の形をしているはずだ。膨らみの乏しい楕円のそれは、正史にしかと位置づけられない食べ物としか言いようがなかった。

とはいえ、庶民の食べ物は折々の工夫と時節の必要に応じてつくられたものだろうから、正史も稗史《はいし》もあったものではないだろう。老婆は確かにそれを「ちょぼ焼き」と呼んだ。

私はひとつそれを買い求め、Mとわけた。経木の舟皿に載せられ差し出されたものは、見慣れたたこ焼きに比べるとあまりに薄く貧寒として見えた。申し訳程度に入ったスジ肉とこんにゃくが味を主張するわけでもなく、格別うまくもなかった。

あれから二〇余年経った。いまどきは正しい名前とその由来を知りたければ、手軽にネットで検索することもできる。では、あの夜たまさか通った界隈で出会った、しょぼくれたものの正しい名は何だろう。ちょぼ焼きでも、ラジオ焼きでもない。ソウルフードと呼べば格好がつくだろうか。一般的な名前は何もない。行き当たる先があるとすれば、老婆があの夜作っていた何かとしか言いようがない。そもそも手製の屋台で銭湯の灯りを頼りに、粉物を焼くあの行為も商いと呼んでいいのかすらわからない。

確かにあの日あの場所で何かを口にした記憶はある。再度訪れたなら手がかりは得られるかもしれない。だが震災ですっかり様相を異にした後では確かめることもできない。私を案内したMとはその後会うことがなくなり、ずいぶん経ってからロシアへ渡ったという噂を耳にした。すべてが所在無げで宛て所がない。働きづめの暮らしぶりを物語る節くれだった指で具材をつまむ老婆の手つきが、私の中に居座り続けている。

筋目の通ったこと、客観的であること、確認できること、そして正しくあることが大事だ。起きた事柄をいかに素早く正しく名付けるか。それが物事を理解することなのだと思い込む人が増えている。その行き着く先は、何か事が起きれば是非善悪の振れ幅でしか物事を捉えられない狭量さでしかない。

いまの自分の考え方、見方に窮屈さを覚えてはいても、それ以外に行く道を知らないから、それが生きる上でのメインストーリーだと信じるようになる。そのような世相に巻き込まれて私も生きている。

はっきりと言葉にできないが、「何かおかしい」というざらつく手触りを物事に感じる時、あの路地での出来事をふと思い出す。そこに「なるほど」と納得できるストーリーを見出し、指針にするわけではない。あの体験は、ただ道をそれて歩まないと見えてこない、名付けようのない景色があるのだと、告げているように感じる。大胆にアウトサイドを行くのでもドロップアウトするのでもない。ただ脇道へとそれてみる。そうすれば、見慣れた風景の隙間に入り込んでいる、番地表記のない場所を見出すかもしれない。

働き方、家族のあり方、暮らし方。生きていく上でつきまとう事柄について、効率や伝統といった出来合いの概念を使って断定的に述べる言葉をよしとする風潮は強まっている。その出処は不安と恐怖だろう。そこに息苦しさを感じている人も多いはずだ。

いまある社会に合わせるから苦しい。しかし、社会から脱することもなかなか難しい。多くの人はそう思っているのではないだろうか。だから私もこの社会に属しながら、完全に与《くみ》さずに生きられる道をひそかに探している。

脇道にそれる　目次

脇道にそれる

〈正しさ〉を手放すということ

第1章　言葉とからだの境界

わかるとはどういう体験なのか

子供の頃からスポーツが苦手だった。特に球技はひどいもので、中でも野球となると目も当てられなかった。飛んでくるボールにバットがかすりもしない。ただボールを打つという変哲もない運動がひどく難しい。それ以前にバットをうまく握れるかどうかすら覚束ない。手中にあるはずのグリップとどう付き合っていいかわからないのだ。どのように握ってみても手に馴染むことはなく、バットはよそよそしいままだった。

これは野球に限った話ではなかった。なんであれ道具を使いこなすというような軽やかな感覚が訪れたためしはない。

いまなおそのような身体のもつれる感覚は続いている。コーヒーカップとか、どうということのない重さのものを持つにもぎこちない。身体のどこに不具合があると的確に指摘できないのだが、違和感がある。こわばり、滞《とどこお》り、熱を帯びてしまう不快な感覚がつきまとう。のちにそれは力が入りすぎているから生じるとわかりはしたものの、身についた癖は自分自身でもある。私から私を簡単に切り離せるわけでもない。自分と一体化しているはずの服の重さを、いちいち感じるとしたらどうだろう。身体を動かすたびに、違和感を覚えるはずだ。いつも感じるぎこちなさは、それに近い。

　滑らかとは言い難い動きが初期設定なのだから、スポーツなどうまくやれるはずもない。だからやりたくはないのだが、遊びの輪に加わるためには、野球のひとつも覚えないといけない。しかし、気後れして打席に立つものだから、空振りするためにスイングしているような印象を周囲に与えた。私の打順になると、皆がため息を吐く。役立たずに向けられた視線を浴びる以上に苦しかったのは、いったい何を理解すれば、ボールを打つという動きにつながるのか、皆目わからなかったことだ。

　数年前に目の検査を受けてわかったのは、目の働きが左右で違っていたことだった。普通は視界に動くものがあると、それに反応するようにピントが合う。ところが私の場合、特に右目に顕著なのだが、ピントと対象を追う動きが連動していない。ボールのように動いているものをうまく捉えられなかったのは、そういうわけだった。

振り返ると、ピントが合わないのはスポーツに限った話ではなかったと思い至る。物事を理解しようとする際、滑らかになりようのないズレが身体に絶えずつきまとっていた。

ズレとはたとえばこういうことだ。私には「わかる」ということが長らく謎だった。学校や職場で「わかったか?」と尋ねられ、同級生や同僚が「はい。わかりました」と答える。それを聞くと、何がわかったのかがわからない自分は限りなくデクノボーであると感じた。

相手の言っていることと自分の理解とが一致しているかどうかもわからないのに、なぜ「わかった」と言えるのか?　という謎ではない。そのようなナイーブな疑問であれば、誰しも思春期に体験する。他人が何を考えているかはわからないのだし、人は会話を通して必ずしも本当のことを知りたいわけではないと、いずれ知ることになる。誰しも理解の水準をほどほどのところで留め、自分なりのわかり方でやり繰りしているのだ。それで人間関係は何の問題もない。

野球においても同様に「いったい何を理解すれば、ボールを打つという動きにつながるのか」という疑問にこだわるのではなく、練習を続ければそのうちボールに当たり、加えて正しいフォームや理論を身につければ、それなりの成果を出せるようになる。そうすれば謎は消えていく。多くの人は考えることをほどほどで棚上げし、そのうちできると思い、そして実際ボールが打てるようになるのである。

だがデクノボーの骨頂は、「ほどほど」や「そのうち」という、先々の時間の経過の中で理解できないところにある。いや、それ以前にいまこの時点で「何をわかればいいのか」すらわかっていないことが多い。そのため、およそ「正しいフォーム」の習得法といったマニュアルが身につかない。「やがて、わかるようになる」という上達の道筋を決して辿らない。物覚えが悪いというのでもない。もっと根本的な何かに理解が届かないのだ。


そういう状態で社会に出たものだから、入社したテレビの制作会社では、仕事を覚える以前にコミュニケーションがうまく成り立たず、早々にお荷物になってしまった。「クライアントにファックスを送れ」と言われれば、そのまま送った。相手からは「まだ届かない」と連絡が入る。何度も送ったものの「届かない」という。送り状を添えなければ、どの部署の誰宛なのか受け取る側がわかるはずはなかった。一事が万事そんな調子で、いったい何度「普通、考えたらわかるでしょ？」と言われたことだろう。

仕事を指示されても、うまくこなせない。頭ではやることがわかっていても、いざ取り掛かるとなるとまったく身体が動かなかった。「ファックスを送る」という簡単なことも、「やらなければいけない」という義務感と、そこからくるプレッシャーに飲み込まれてしまってフリーズする。

言われたことがわからなければ、辞書を引くように、自分の中でひとつひとつ確認し、意味を理解する努力をすればいいのだと言われた。けれども、その方法は自分には役に立たなかった。

たとえば料理をしている人がその場を離れるとき、私に「鍋を見ていて」と言ったとする。「そうか。鍋を見ればいいのだな」と受け取った言葉を確かめ、ただ鍋をじっと見ているだけでは、言葉の意味どおりに行動してはいても、意図は受け取り損ねている。指示した人は吹きこぼれる前に火加減を調節することを期待しているはずだ。私は正しく鍋を見ることはできても、それ以外を理解しないことが多い。吹きこぼれてから慌てて対応に追われるようなことをよくしでかす。

バットのスイングに始まり、学校の授業、社会に出てからの仕事の段取りに至るまで「こういう風にすればいい」と周囲は親切に教えてくれた。そのようにして手渡された「ちゃんとやれば正しく結果が出る」はずの理解の仕方を、延々と私は見送り、空振りし続けた。

頭の中の霧がいつも晴れない感じだ。「どのように考えたら私は示された『わかる』に至ることができるのかがわからない」状態で、足踏みし続けていた。

言葉の意味はわかっても、それは必ずしも「わかる」につながらない。言外の意味は、話す人や状況によってそのつど違うため、はっきりと「これだ」と特定することはできない。バットを握った時の、いつまで経ってもしっくりこない捻れた感覚を、人との関わり、言葉を交わす際にも抱えていた。

そのため会話は、絶えず脂汗と冷や汗がつきものだった。自分なりに注意を払っても、仕事であれプライベートであれ、コミュニケーションがもつれにもつれる体験をたくさんした。誤解や行き違いから悶着を起こしたり、関係を修復できなかった例は数多い。

「いったいどうすれば、わかることができるのか?」と、頭を抱えてそのまま立ち尽くしてもおかしくはなかった。ところが曲がりなりにも他者の話す内容を理解するようになったから、こうしてインタビューの仕事をしているわけだ。

ある日を境に劇的な転換が起きたわけではない。以前と比べてコミュニケーション能力が向上したかと言えば、そういうわけでもまったくない。拙《つたな》いのは相変わらずで、しどろもどろな上に、目を合わせて話すこともなかなか困難だ。「言葉の意味はわかるが、言外の意味はわからない」から一歩も離れていない。

だが、一歩も離れられなかったことがかえって変化をもたらしたのかもしれない。変わろうとするうちは変われなかったのに、進退きわまった時に見えてきた道筋があった。それは言葉の外にある身体への注目だった。

私がいつも受け取り損ねた言外の意味とは何であったか。言外というからには、言葉の意味には内と外があることになる。内と外で意味が変わるとすれば、その境界線はどこにあるのか。「鍋を見ていて」が、単に「見る」ことなのか、それとも火加減の調整を指すのか。その意味の区切りがどこにあるかを理解できれば、言葉のやり取りがうまくできるのかもしれない。

かといって「相手がこういうサインを出した場合は、火加減を指す」といったように、内外の意味の違いを話し手や状況といった外部に求めては、話は堂々巡りになって、いつまで経っても理解に至らない。では自分の外に判断の根拠を見出せないとしたら？　あとは自分の中に求めるしかない。

意味の境界を探る上で、手掛かりにしたのはふたつあった。

ひとつは、話すなり、道具を持つなり、とにかく私が何かと関係を結ぶ時に必ず身の内に生じる、もつれ、滞り、捻れる感覚である。私に「何ひとつ滑らかではない」状態を告げている、あの感覚だ。

もうひとつは、野球であれコミュニケーションであれ、どちらも運動であるという理解だ。バットを振るのも話すのも、手なり口なりが動き続けるからには運動だ。つまりは、ともかく絶えず感覚し続け、常に運動している状態である。たとえ空を切る動きであっても、運動が、身体がなくては始まらない。そして、当然ながら、この身体は言葉の外に存在している。そもそも身体がなければ言葉も生まれなかったのだから。

言外の意味は、言葉で確実に言い当てることのできない、そのつどの感覚を含んだ領域を指すのであれば、それはすなわち身体のことではないか。身体は言葉の内と外の汀《みぎわ》にあるのではないか。

「鍋を見ていて」の言外の意味は「吹きこぼれに注意しろ」であり、ともかく「変化に応じろ」ということだった。応じ方にこれだという正解はない。なぜなら鍋は吹きこぼれるかもしれないし、そうでないかもしれないからだ。

そうなると、言外の意味とは、煮炊きの「運動し続けている様子を見て、応じろ」になる。「運動し続けている」限り、意味は確定できない。変化に応じて、吹きこぼれたら蓋を取るとか火を弱めるといった、目や手の働きが欠かせない。そのような身体によって状況を測定することを、言外の意味というのではないか。

煮える鍋も会話も私にとっては飛んでくるボールと同じだ。私の目は動いているものを見るには向いていない。加えて身体はもつれ続けてぎこちない。出来事と関係するときに必ず起きる、解消されない違和感。それは身体による滑らかな測定にノイズを走らせ、決して確実な意味をもたらすわけでもなく、微細な振動を止めることをもない。それは生きている証のようなものだ。生きている限り起こることなら、なくすべきものでもない。

何かしようとすると必ず伴う、うまくいかない感じ。それがいつも物事に没頭できない自分と周囲とのズレ、空振りし続ける感覚を私に与えている。どうにもならない行き止まりに見えることもしばしばだ。

だが、思うように動かない身体の緊張は、「解決しなくてはいけない」課題ではなく、いまの自分が置かれている状況に対する、それ以外にはない応じ方だ。つまり、意識でどうこうできない正直な身体のありようそのものだ。

身体の滞り、捻れた状態を通じて相手の話を聞き始めた時、わかったことがある。いままで私は、話がわからないのは特定した意味を探り当てられないからだと思っていた。だから相手の話す内容をなんとか理解しようとした。ところが、相手の口ぶりが滑らかで、はっきりとした内容を伝えていたとしても、実はその態度は微細な震えをはらんでいることに気づいた。たとえばアスリートやアーティストは、整然とした説明が不得手という傾向がある。そもそもプレイや作品ですでに表現しているのだから、わざわざ言葉で言う必要をあまり感じていない。オノマトペや感覚的な表現が最も感じていることに近いのだが、それでは表現力が足りないようにインタビュアーや読者には受け取られる。

だが、そうではない。彼ら彼女たちが言葉になりようもない世界を見ているのは確かだ。注目すべきは断片的な言葉ではなく、言い尽くせない思いにもどかしげに身をよじる様子、言い淀みもつれる舌といった、確実な意味にならない「振動」のほうだ。それは言外の意味であり、つまりは身体であり、その人のことである。

人は、言っていることの意味ではなく、言わんとすることを理解されたいと願う。言わんとする行為そのものが、その人の存在に関わることなのだ。話されている言葉に注目するだけではわからない、うずうずとした思いだったり、胸の高まりだったり、塞ぎ込む気持ちといった、身体の浮かべる表情に応じるとき、相手は安堵した顔つきをする。そこで私は初めて知った。わかるとは、感じて応じることであって、意味を求め、正解を探すことではないのだと。

私は他者を理解してはいない。だが他者性を理解するようになった。私はあなたのことはわからないが、私の中にある「あなた」はわかる。私の身体は常にもつれ、綻《ほころ》んでいる。それはなんとなく痛む、理由のわからない不快さの微振動として私には感じられる。しかし、他者の中にあるそれは、時に喜びや悲しみとして表現されている。私の中にある「あなた」の微細な運動を感じる時、わかるという体験が訪れる。それは意味を知ることではない。他者との間につかの間、決して確定されることのない理解という名の橋をかけようとする試みなのだ。

本物とよくできた贋物

数年前、老舗の洋画商のオーナーに絵画の真贋の見分け方について尋ねたことがある。インタビューを進める中で、藤田嗣治や佐伯祐三など、著名な画家の贋作を記録した資料を見せてもらった。業者から発注を受けたから適当に描いたと言わんばかりの、あまりにも本物と似ても似つかぬ作品は、むしろ微笑ましい。中にはオリジナルを超えて大胆な筆使いを見せるものもあった。凡百の描き手として埋没すまいとの自負に足る腕前を確かに知らしめてはいたものの、かえってそこに独自性をついぞ獲得できなかった恨みが滲《にじ》んでいるようで、直視をためらわせる惨さがあった。

想像していたよりも美術市場に出回る贋作が多いこと。さらに、絵を扱っている人は鑑定眼を備えているものだろうという考えも勝手な憶測にすぎず、案外目利きは限られているという実情を知って驚いた。

オーナーは真贋を見極める素地は「絵心だ」と説いた。

「絵心を養うには家に絵を飾ることですよ。小品でもいいですから。あなたもそうなさい」

雑然とした画廊のバックヤードには、セザンヌの作品がずいぶん無造作に立てかけられていた。高級そうな革張りのソファに腰掛け、脇に置いた数々の作品の額縁をふっくらとした手で撫でる彼の様子を見るうちに、確か実家に児玉幸雄のパリの風景を描いた作品があったなとぼんやり思い出す。あいにく私には絵心はない。児玉の作品の真贋を見分けられる自信はない。

「明らかな偽物であれば、見た瞬間にわかります。サインや線の悪さは一目瞭然です。何せ作家の絶対的な雰囲気を持っていないものはすぐにわかりますよ」

とはいえ、手の込んだ偽作となると、作風もきちんと取り込んだ精巧な絵になる。鑑定は難しい。

「見分け方の方程式なんかありません。〝ほら、ここがおかしいでしょう〟と、画商仲間にいくら教えたってわからないんだから。やっぱりいい絵を数多く見て勉強する。それ以外ないですな」

――ポイントを抑えて見ればわかる。そう簡単でもないわけですね。

「そりゃそうです。真偽を見分けるのは、非常に難しい。そこのところは言葉じゃ言えません」

だからと言って感性に任せておけば自ずと鑑定眼が磨かれるわけでもない。やはりカタログ・レゾネのような、デッサンも収録した全作品の目録、そして作家に関するあらゆるデータが必要だ。オーナー氏が言うには、カタログ・レゾネを作れる立場にあるのは、作家としてスタートした時から契約し、ほとんどの作品を扱い、資料を持ち、またどこに売れたかも大抵は把握している者だ。当然ながら、カタログ・レゾネを手がけたところが鑑定を行うのがいちばん確実ということになる。

では、本物に関するデータを集めた資料があれば、贋作者が手を出すのを控えるかと思いきや、カタログ・レゾネから模写する手合いもいるというから恐れ入る。

――真贋を見分ける上での勘所はどこでしょう?

「よくできた偽物は本物よりもいい線を描くことがあるんです。作家もずっと調子いいわけではないですからね。とかくうまさで定評のある作家でもずれた線を描くことはありますよ。でも、トータルで見れば『これはずれているけれど本物』『これはうまいけれど偽物』とわかります。科学的な鑑定には限界がありますし、裁判で争っても裁判官は判断できない。最終的には感覚的な判断で真贋はわかります。そう言えるのは作家の身近にいて、デッサンや筆勢を熟知しているからこそです」

贋作はどのようにして作られているか、といった裏話もふんだんに聞くことができ、大変ためになった。だが、心に強く残ったのは美術界の実相ではなく、「よくできた偽物は本物よりもいい線を描く」という言葉だった。

物事を本当に正しく理解するとはどういうことなのか？　を考えるとき、私はこの言葉を決まって思い出す。単純に見えはしても、これを理解しようと思うと、たちまち壁に行き当たる。

「よくできた偽物は本物よりもいい線を描く」としたら、偽物はその時期の画家よりも上手い筆致で、「作家ならでは」の、本物にしか描けない線を表しているわけだ。偽りの絵のほうが出来栄えが良い。だから画商も購入者も騙される。それを笑えないのは、何も絵画に限った話ではないからだ。

本物ではないものに本物を見出し、リアルではないものにリアリティを覚えるなど、いたって普通のことだ。貨幣がいい例だろう。金に交換されることもない、ATMの画面に表示された数字の多寡に一喜一憂する。そういうふうに私たちは日々よくできた贋物に本物らしさを感じている。「偽物であるにもかかわらず」ではなく「偽物だからこそ」リアリティを見出している。本物よりも良く見えてしまうこの真実味はどこから来るのだろう。

オーナー氏は、真偽の見分け、物事に正しい理解をもたらす上での最後の決め手は、感覚だと言った。では、よくできた紛《まが》い物に「確かに本物だ」と手応えを感じるとき、私は誰にでも備わる真贋を見分けられるはずの感覚に従ったにもかかわらず、判断を誤ったのだろうか。そうだとすれば、「やはり感覚はあてにならない」と思いそうになる。どこかの誰かが言っていた正しさ、理解の仕方に影響されているとも感じてしまう。自ら判断する自信がないから私はまやかしに騙されたがっているのかもしれない。だが、そう判じることすら自信が持てない。

ひとつ言えるのは、私の感覚は、そのとき実際に感じているものとは違うということだ。本当に知ることなど叶わない他人の感覚の引き写しを瞬時のうちに行って、それをもって物事の理解に勤しんでいる。その反面、自分本来の感じ方を発揮することは徹底して怠ってきた。

この習慣は、いつしか「他人に共感を覚える」という都合のいいストーリーにすり替わってしまった。「あなたに共感した」と言うことは、信頼の気持ちの表れである。だが、それと同時に、そのように言う自分も人の共感を得たいと思ってしまう。

共感されないと不安になってしまうのはなぜだろう。相手に不信感を抱かれることへの恐れだろうか。おそらくは相手に寄りかかれないから不安になるのだ。

間違ったことを言うのが恐い。自分でいちいち真偽を判断する自信がない。だから誰かが言っていた「あれは確かだ」「これはすばらしい」という評価に共感し、それに依存すると安心が得られた。社会の構成員としてカウントされるに値する自分になっていると確認できるからだ。

それにしても「間違ったことを言うかもしれない。自分の理解に自信がない」というような心の働きは、よく考えると奇妙なものだ。間違いかどうかは実際に言ったりやったりしてみないとわからない。そもそも誤りだったとしても、それは誰にとって問題になるのか。他人ではなく自分にとって、問題になるということではないか。仮に私が包丁の使い方を間違えば、自分の手を切る。行って初めて誤りを知ることができる。

だが、私は「きちんと包丁を使う誰か」を想定し、そのようにできているかどうか目を凝らし、ジャッジすることによって、間違いを回避しようとしている。間違いは結果としてわかることだ。自分で試してもいないのに、その行為が間違いかそうでないかなどわかるはずなどない。ただし、他人のようになりたがる時のみ、間違えないように正しく行うことはありえる。

自信があろうがなかろうが、間違える時は間違える。しかも間違えたことをしたところで自信を失う必要もないはずだ。それにもかかわらず、おっかなびっくりな態度を崩さないのはなぜだろう。私はいまなお誰かに叱られることを恐れ、誉められることを期待し、自分の言動を決めているということになる。

なぜか、他人になりたがるという自らを損なう分断を懸命に行ってきた。そうして私が私でなくなる努力をすれば、必然的に自己への不信は募る。自己不信の穴埋めとして、共感という道筋を通って、他者の価値観に依存することになる。しかしそれは、私の自信を高めることに何ら寄与しない。自信は自らの内から湧き出るものだからだ。

共感によって手に入れようとした安心には、根がまったくない。それでも互いに「わかるよ」と頷きあっている関係さえあれば、たとえ中身が紛い物であっても「自分は孤絶していない」という手応えは確かに感じられる。私は現実ではなく、現実らしさを望んでいたのだった。

現実はいつも現実と寸分たがわぬあり方で存在している。現実は、あまりに現実すぎて思い入れを差し挟む余地などない。それに比べて観念というものはよくできている。ありもしないことをあるかのように見せ、あったことをなきものに塗り替える。

だから破れかぶれに「一期は夢よ　ただ狂え」と言い、そうあることが自由だと観念的に捉えることもできてしまう。その自由の地盤が言葉でしか保てない、現実に根ざしていないものであっても、それを唱え続ければいつしか現実味が帯びてくる。そうして唱えられた言葉の数が多ければ多いほど現実らしさは増してゆく。「それが自由なのだ」と口にし始めた人に、共感を覚える。

私の、他者から影響を受けたがる癖は、ノーではなくイエスと言うことをよしとする、この国の風土に由来しているところが大きいだろう。

私は私であることを恐れ、常に何者かになろうとする。自己実現とは、ありのままの自分になるという意味ではなく、常に評価される何者かになろうとしていまの自分を越えようとすることを指す。その何者かとは、「理想」でありやがて達成されるであろう自己だ。いずれも像でしかなく、現実ではない。よくできた贋物でしかない。

私はいつもいまの自分を超えようとした。それを努力や能力の向上と呼び、私なりの完成された自己を目指してきた。

それは現実を生きることではなかった。現実を受容する感覚を変容させることで、現実的に生き延びようとしてきたのだ。「自分ではない自分」という他者に同質化しようとする熱情にかられ続けた。それは私らしい、よくできた偽物になろうとすることでもあったのだ。

リアルとリアリティを見分ける必要のない人生を送ってきたのだとすれば、自分がよくできた観念の方に現実らしさを感じるのも無理はない。都合のいい現実を夢見ることが、創造的行為であるかのように思いさえする。

だから私は独自の理解よりも観念によって構築された思想を好むのだろう。思想は貨幣のように、より多くの見ず知らずの他者と共感しあう関係をつくってくれる。それがクリエーションだと錯覚できる。

それは、私の中の恐怖と不安の穴を埋め、現状の自分を超えられるよう励ましてくれる。私は「おまえは間違っていない」という言葉を聞けば聞くほど、勇気づけられる。もはや現実よりも言葉が描き出す現実めいたものの方が重要なのだ。

東欧のある詩人は「思想と思想の戦いで人間が戦死する」と言った。滑稽だと思うだろうが、これは本当だ。ある局面において人は死ぬことよりも思想を体現できないことを恐れる。他人から拒絶され、孤絶に陥ることを恐れ、リアリティを求める戦いでリアルに死んでいく。

私は戦場で死なないまでも日々、リアリティを巡る争いの中で暮らしている。「あいつよりも私の方ができる」「もっと理想的な生活を目指す」といったように、他者や現時点の自分を相手に争い、疲弊している。他者の評価をよすがに嘘でもいいから本当だと信じさせてくれる何かを願っている。私の現実理解は、そのような生き方を続けることで日夜磨かれていく。

他者や理想に引きずられて傾いた感覚設定は、自分を自分でいられなくする方向に力を発揮する。理想も他者もただいまの出来事ではない。理想を掲げて進むことがよしとされる時、私は自分の足下を見失う。他者は本来は未知の存在だが、私が求める、自分を評価してくれるはずの他者は既知である。私は過去に縛られることをよしとしている。

目利きの鑑定家は理想の線でも、過去の出来栄えでもなく、いまここにある絵と向き合う。それが物事を真剣に理解しようとする姿だ。私もまた現実を把握しようとするならば、これから先でもこれまででもなく、いまをただ生きる等身大の歩みに戻らないといけない。それがわからないことには、世界をわかることはできない。「これが私だ」と素朴に感じる自分は、他者に評価を委ねた存在でしかない。ありのままの、等身大の私は、どこにいるかもわからない存在だ。未知の場所をここだと言葉で指し示すことはできない。他者の評価に従ったまま自分を探ったところで、その場所は見つからない。私が私と世界を理解するために立ち返る場所は、自分自身でしかない。

そこでは自らを分断させることもなければ、不安を埋めるべく共感を求めることもない。私が私であることを恐れず、自らを拒絶しない。疑心暗鬼に他人の振る舞いに気を取られるという、いまここをおろそかにするようなこともしなくていい。

私の中に起こる不安は、私と私であろうとする隙間に生まれる。現実と現実らしさの間に恐怖の根は広がる。よくできた贋物が共感を求めてくる。それを拒絶することは孤独をもたらすだろう。私はそれを恐れている。

だが「おまえ自身であってはならない。何者かであれ」。そうした私を怯えさせる他者の声が聞こえない静寂さを、つい不安に感じてしまうだけのことかもしれない。

自閉しながら共存するために

二〇二〇年から小学校で、コンピュータに意図した処理を行うように指示する体験を踏まえた、プログラミング教育が開始される。その影響からか、ここしばらくプログラミング教育関連のインタビューが続いている。

先日もマイクロソフトへ赴き、プログラミング学習支援の実情に関する取材を行った。こちらは、ＩＣＴ（情報通信技術）の利活用という文言を聞き知っているだけで、その界隈にはとんと詳しくない身ではあったが、担当者の話はすこぶるおもしろかった。マイクロソフトが社会貢献を強く意識しており、担当者が多様性のある社会を前提に話をしていたからだ。

社会貢献も社会の多様性も既に多くに知られた馴染みのある古い言葉であり、右から左に聞き流しかねないものだ。特に多様性の内実については注意が必要だろう。「多様性が大事だ」を標語として掲げながら、概念としての「多様性」を大事にするあまり、目の前の人に「人並み」や「普通」の振る舞いを求めてしまうことは、よくある。だから多様性という言葉を聞くと身構えてしまうのだが、その担当者はまったく違う発想で話をするのだった。様々なあり方が組み込まれた社会の存在を疑っていない。加えて、彼の指し示す「社会」のイメージが私のそれとまったく違っていた。

多様性も社会も、人それぞれイメージが違うのは当たり前だと思うかもしれない。自分が感じた驚きを説明する前に、取材に向かう途中で見た光景について触れておきたい。

マイクロソフトのある品川駅の港南口方面にはオフィスビルが林立しており、利用者も多いことから、構外に向かう通路の幅は二〇メートルはあるかというほど広い。通勤ラッシュのピークをすぎた午前一〇時でも、通路の真ん中はオフィスへ向かう人の流れ、両側は駅へ向かう人で溢れていた。通路に沿って数メートル間隔にディスプレイが取り付けられている。それらは歩行者の頭上高くに据えられており、奥行きのある長い通路を行き交う人の目には、デジタルサイネージが連続的に飛び込んでくる仕掛けとなっている。その日は、ビールと旅行会社のコマーシャルが交互に映し出されていた。

最新の仕掛けでありながらどこかで見たような気がするのは、SFが描く近未来の風景に似ていたからだ。ジョン・カーペンター監督の『ゼイリブ』を思い出す。あの映画では、特殊なサングラスをかけて周囲に溢れる広告を見ると、「考えるな」「買え」「権力に従え」といったメッセージが隠されていることがわかる、という場面が描かれていた。確かに目前にあるのはあの世界そのものだった。

企業が私たちに今すぐ飲みたいわけでもないビールを買わせようとし、今行きたいわけでもない旅をさせようと宣伝するのは、欲求に訴えているのではなく欲望を焚きつけるためだ。そこに必然性などないのはコマーシャルを作る側だけでなく、受け取る側ももちろんわかっている。

「考えるな」「買え」「権力に従え」がこうも露骨だと、辟易するほかない。だからと言って、長い通路を歩いている間、目を瞑るわけにもいかない。景色は目に映っていても何も見ていないといった、感覚を遮断した状態にするしかない。こんなにも人が多いのにまるで活気がないのは、少なくない人がそうして自らの感覚を塞いでいるからだろう。

閉じることを強いられるせいか、品川駅を歩いていると、誰ともわからない者から与えられた情報によって管理、拘束される不快さがわきあがり、次第にイライラが募ってくる。怒りを覚える。

かといってその怒りに身を任せることもできない。というのも「社会に違和感を募らせる」という、自分の中に定番として確立された回路があることを知っているからだ。何を見ても「こんな世の中に誰がした」という嘆息をつい漏らしてしまい、「社会というものは生きづらい」と不全感を覚えて世を眺めてしまうのが癖になってしまっている。デジタルサイネージであれなんであれ、同じものを見ても楽しめる人がいるのに、私の場合は鬱々とする。それは自分の中にある憤懣《ふんまん》を再確認する行為でしかない。社会に対して常に怒りを覚えるような関係性しか結べていないのだ。

話をマイクロソフトの担当者に戻すと、彼が「社会」について話すとき、私が感じてしまうような怒りの色合いがなかった。彼の関心の根底には「どう現状を書き換えるか」があるように感じられた。「多様性が大事だからクリエイティビティを尊重しよう」という道徳的なとらえ方ではない。彼の話から伺えるのは、「クリエイティビティを発揮するには、身も蓋もなく実際に多様性が大事なのだ」ということだった。

とかく教育と名のつくものは、人と違う振る舞いをする者に「そうではなくて、こうしましょう」と介入し、一律に揃えさせたがる傾向がある。そして、逸脱することの恐れを植えつける。

他人と違う試みを恐れず、その振る舞いが存分にできる環境を整える。そのことによってクリエイティビティは十分に発揮される。協調性ありきではなく、まず個の振る舞いを認める。それが彼の言う多様性である。

この話を聞きながら感じたのは、クリエイティビティとは、同じような言葉、同じような振る舞いをしなければいけないという恐れの果てに学習し、発揮するものではないという、ごく普通のことだった。

何を見ても怒りを募らせる回路に収斂《しゅうれん》させてしまうのは、根底に恐怖があるからだ。現状の社会の不満を数え上げることに長けても、怒りを生み出す力が決して新たな行動に転化されないのは、これまでと違った行動に踏み出すことが怖いからだ。そうしてしまっては、社会の中で生きていけないかもしれない。「そんなことで生きていけると思うのか？」「そんなことも知らないのか」と言われるのが怖いのだ。社会的にステイタスのある職業や資格を手に入れ、「常識」とされる知識、法、秩序に則《のっと》らなければ、「まともに生きていくことができない」という教育によって、恐怖が内在してしまい、何らかの決断を迫られると生理的な反応が起きる。身が竦み、自分が襲われている恐怖の実態について考えようとはしなくなる。そして怒りに逃げ込む。

身体に起きる生理的なそうした反応はあまりにリアルだ。だが、これは本当に自分の身に差し迫った危機への反応なのか。酸っぱい梅干しを想像すると唾が出る。唾が出るのはリアルだが、梅干しはバーチャルだ。それと同じようにここでいう生理的な反応は、想像された恐怖に対するリアクションにすぎないのではないか。

野生動物は恐怖を感じると、身を竦ませはしても、すぐに、攻撃するか逃げるか、どちらかの行動をとる。あれやこれやと逡巡するような隙を自分に与えない。生存を脅かす危機に対しては、無我夢中で一つの明確な行動に出ることよって、そのとき必要な解を導き出す。

一方、私は恐怖を感じると途端に動けなくなる。これまでとは違う一歩を踏み出せば、社会に居場所がなくなってしまうのではないかという想像を逞しくする。その想像には、自分のポジションを群れの中に見出して安堵したいという思いが入っている。他人の眼差しの中に自分がいてほしいという、いつもながらの見慣れた光景を求める。しかし、そこに新たな可能性は何も生まれない。

物事に夢中になっているとき、他者は眼中にない。恐れもない。それはある意味、自分の中に閉じている状態だと言える。明確なゴールはなく、期待もなく、ただ何かに没頭している行為があり、そして結果が生じる。その成果物を見て、人はクリエイティビティを認める。だが、結果よりも重要なことは、ある種の自閉性によって必然的にもたらされる状態であり、それこそがクリエイティビティなのではないか。マイクロソフトの担当者の話が示唆していたのは、そういうことだった。ＩＴを用いたコミュニケーションのあるべき姿は、互いの自閉性を保ちながら共存を確保することだろう。それが実現したら、確かに新しい社会と言えるかもしれない。

新たな社会を作るためには、それを形作る新たな言葉が必要だろう。だが誰も聞いたことのない、他人に届かない言葉を使っても全く意味をなさない。既に知られた、なおかつ新しい言葉を手にするには、どうすればいいのか。それは共存の前提となる自閉性と向き合うことではないか。

社会に居心地の悪さを感じ、生きづらさを感じる。いつも感じている違和感を「まったく価値のないものだ」と切り捨ててしまっては、自分の感覚を殺して生きることになりかねない。たとえ自分の感覚を言葉で表現したものが陳腐に思えても、その根底には表出されたがっている何かがある。

それははっきりと言葉にならないし、まだ行為にならない。それに対し、外から与えられた言葉をひたすら被せ、形にならない感じや思いをわかりやすく整えていくのは、既に知っている現実の受容でしかない。自らの内から湧き上がってくる必然性に従って言葉を見つけていかなければ、新しい言葉にはならない。

表出されたがっている何かに光を当てることの大切さもわからなくなるとしたら、それこそ本当に恐ろしいことではないのか。

怒りと恐怖から離れるには、いったん閉じるという過程が必要なのかもしれない。それは品川駅を行き交う人々に要請される、目を開きながら閉じている状態を指すのではない。出来合いの言葉で世界を理解しようとした時に訪れる恐怖を観察する必要がある。私の中に空いている恐怖と不安の穴を埋めるために、他人の提供してくれる言葉を用いない。そういう閉鎖性が必要かもしれない。

他人とつながることを奨励し、心に湧くざわめきや居心地の悪さを消すように努める言葉は、世に溢れている。それは本当に必要だろうか。ざわめきや居心地の悪さこそがいま表出されたがっているものかもしれない。それがまだ私の知らない、出会うべき言葉なのかもしれない。

手が私に教えてくれること

あるギャラリーの民藝展で、テーブルの上に置かれた竹籠のひとつに目が留まった。竹ひごを斜めに巻いた縁は、木に蔓《つる》が巻き付いた様子を思わせ、総じて凝った意匠はないものの、一切、手抜かりが見当たらなかった。ごく普通のなりは、ひとりでに編み上がってしまったというような淡々とした顔つきをしており、作り手の痕跡を感じさせなかった。

そんなものを見てしまっては、是が非でも欲しくなるのは当然で、すぐさま財布をポケットから取り出す。と同時になんともムカつく気分に襲われた。なぜ「欲しい」という思いが「買う」という行為にただちに結びついてしまうのか。そんな自分をひどく浅ましく感じた。

かつての暮らしには欠かせなかったであろう竹籠は、いまどきの都会暮らしに登場する出番などありはしない。ただし、果実や野菜を放り込み、無造作を装って部屋に置けば、ちょっとしたインテリアにはなるだろう。生活の実用には結びつかなくとも、おしゃれなライフスタイルを演出することは造作もなくできる。ただ「すてきだから買う」ばかりで、「すてきだから作ろう」とは決してならない。自分の手は何も作り出すことがないのだ。

手ずからものを作り出すことに憧れている。とはいえ、私の手首はひどく硬く、指の動きも滑らかではない。手仕事にはあまりに不向きだ。細やかな作業をしようにも、針に糸を通すくらいが関の山。固く締まった瓶の蓋を開ける、雑巾をきつく絞るといった、大雑把に力を出す分には長けている。

日々を振り返ると、手の登場する出番でもっとも多いのは、キーボードを叩くかスマートフォンを握るかするときだ。そこではしなやかさや慎重さ、繊細さは必要とされない。手は、目で情報を追い、脳でそれを処理する際の補助としての役割しか果たしていない。気がつけば、手は目と頭に組みしかれてしまっており、そのことを特段不思議にも思わなくなっている。

ギャラリーに赴いた数日後、鑿《のみ》と木槌を使って皿を作る機会を得た。そこで気づいたのは、手は目や頭に従属しておらず、まして手仕事とは手による思考とそれがもたらす知恵がないと成立しないということだった。

鑿も木槌も一度手にしたことがあっただけで、まともに扱えるとは言い難い。まるで自信がなかった。握った時、最初に脳裏に浮かんだのは、「きちんとした鑿と木槌の持ち方」についてのイメージと、その像に「鑿の刃先を木にしっかり当て、木槌を正しく持ちましょう」といった、ナレーションのようにかぶさる取り扱い説明の言葉だった。いったい何をどうすれば「しっかり」と「きちんと」になるのか知るはずもないのに、なんとか言葉によって安心しようとする自分がいた。

このように困惑して「どうすればいいのだったか」とあれこれ思う時、目は宙空を向くか、あるいはキョロキョロと左右に動く。誰しも馴染みのある、「えーっと」と思いあぐねる際のポーズだ。

目の前に木と鑿と木槌という極めて具体的なものがありながら、いまここではない過去に成功例はなかったかと頭の中で検索に励む。それがだめなら、この先に思いをはせ、「どうすればうまくいくか」と考える。そのとき、身体もまたそのような困惑した「表情」を浮かべるのだ。

ほとんど経験のないことだから過去を探っても仕方ないにもかかわらず、正解を参照し、なんとか言葉にして捉えようとする。そのとき脳は激しく動くかもしれないが、手は止まったままだ。皿を作ることが置き去りにされ、言葉が生み出す現実感の方を重んじるあまり、現実に対処することを忘れてしまう。

さらには、とりあえず動いてみるのではなくモデルを見つけ、それを身につけるにはどうすればいいかを熱心に考える。

「はっきり言って病だよ」と私が自分に告げる声が聞こえる。その声は、「やったことがないから自信がない。だからできない」と自動的に判断してしまうことには悪魔的な魅力があるのだと教えてくれる。

「やったことがない・自信がない・できない」はそれぞれ別のことだ。だが、それぞれを「だから」で繋げてしまい、できない理由を自らに説明するのは上手になっても、「まず手を動かす」という誰でもできるはずの簡単なことを忘れてしまう。

手に感じる鑿と木槌の確かな重さは、様々なことを教えてくれる。「やったことがないから自信がない」という考えは思い込みで、自分を行き止まりに追い込んでいるに過ぎなかった。その先には「だったらやってみればいい」という道が続いており、「ただやってみる」とき、うまくやる必要も正しくやる必要もまったくないのだとわかる。

作業を始めてしばらくすると、鑿を握る左手が痺れ、木槌を握る人差し指の付け根に早くも水ぶくれができた。しっかり握ることとぎゅっと力を入れてしまうことの違いが、まるでわかっていないのだ。

どうということのない所作。たとえば料理をするときからしてそうなのだ。食材を切るときは、手からすり抜け落ちない程度に包丁を柔らかく緩みなく握って、あとは引くか押すかすればいい。ところが、私は手に包丁を押し付けるようにして握り込んでしまうため、スパッと切ることもできないし、トントンと流れに乗った小気味よい音をまな板が立てることはない。そんな調子ではすぐに疲れることはわかっているため、「力を入れないでおこう」と言い聞かせ、慎重に臨む。すると今度は「力を入れない持ち方」をしようとしてしまい、手元がおぼつかなくなる。

気がつけば、菜や肉を切るために費やすべきエネルギーが、包丁の持ち方に迷うことに注がれているのだ。「うまい切り方」を考えて、それを実行しようとしている。傍からはとりわけ変には見えないかも知れないが、実は調理に似た、概念的な行為をしているだけなのだ。

いつもなら、うまくやろうとしてへとへとに疲れて終わりを迎える。しかし、その日は違った。ぐっと力が入ってしまうから手は次第に引き攣《つ》れてはきたが、ただ彫るという原始的な行為に喜びと楽しさを感じて、あれこれ思う暇も惜しいくらい、ひたすら彫ることに集注した。うまく手が動かないことをさほどの障害とみなさなくなっていた。

彫り進めるたびに楠の良い香りが鼻孔をくすぐる。鑿が穿《うが》った溝を指先でなぞれば、次にどう進めばいいかわかった。誰かの作った皿や手つきから学ぶのではなく、自分の彫ったものがどこをどのように削ればいいか教えてくれた。考えずとも自ずとわかる。自らの振る舞いからするべきこと、向かう先を教えられる。これは発見だった。

そこには正解を求めようとする時の抜かりなく周囲を見遣ったりする様子や、「ちゃんとしないと怒られてしまう」という子供の頃から培ってきた怖れや、物事に対しいつも受け身でいようとする態度はなかった。

いつの間にか私は、正しさは私の内にはなく、外にあると思い込んでいたらしい。それは謙虚さから来ているのではない。自分でやってみることを恐れるが故の態度なのだ。恐怖を克服しようとすると、逆に恐怖を増幅させてしまう。恐怖にフォーカスするのではなく、ただやってみればよかったのだ。

ともすると、「これでいいのだろうか」と不安が心に兆《きざ》す。その綻びを目ざとく見つけ、言葉はいつも「そんなことでは評価されないぞ」と私を脅し、他人の模倣を勧めてくる。その声に素直に従っても、うまくいった試しがない。私が自分の手を誰かの指示してくれた通りに動かそうとするという、とても複雑なことをしている限り、うまくいくはずはないからだ。

板に張り付くようにして木槌で鑿をただ叩き、彫っていく。複雑なことは何もない。木と鑿と木槌を見ている。いつものように概念を通じてものを見てはいない。ただ見ているだけだ。だから迷う必要もない。ひたすら軽快な心持ちでいられることに驚く。頭で考えることを特権的に扱うことこそが、この身体を必要以上に重くさせていたのだ。

私の道具の持ち方はプロフェッショナルからすれば、まるでなっていないのかもしれない。彫り方は、熟達者からすれば見ていられないほどひどいかもしれない。できあがった皿は製品としては箸にも棒にもかからない代物かもしれない。そうであっても当初の困惑は消え失せ、自分の行為と結果に自信を持っていた。うまくやろうと一切しなかったからだろう。ただ行うという行為には、自己満足しかなく、他人の評価を期待する魂胆が入り込む隙がなかったのだ。

「ただ行えばいいのだ」と言われると、どのようにすればいいかわからず迷う。言葉に手がかりを求めても得られず、途方に暮れる。そういう時に「途方に暮れる」状態に陥ってしまうことを常識だと思い込んでしまっている。そうではないのだ。言葉による明示を求めるから、暗示されている手がかりが見えなくなるのだ。

水ぶくれができて木槌を強く握れなくなった。おかげで適当な力加減を右手は私に教えてくれた。どの角度で鑿を当てればいいかは左手が導いてくれた。頭で考えることだけを思考と呼ぶのは、深い考えなしに済ませる態度でしかない。手が最適な解へと誘ってくれる。手の行為それ自体が思考なのだ。

第2章　からだと記憶の汀

真っ直ぐに曲がった茶杓

——ある木彫り職人のこと

寒さにふさがれていた木々の芽が、次第に春が近づくにつれ頭をもたげ始めていた。身をよじるように空に向けて己を押し広げようとする姿を認めると、つい嬉しくなってしまい、「ああ」と声が漏れた。

感嘆の声にとどめておけば良いものを、悪癖がむくりと身を起こす。どうにかして、いまこの目の前で起きている出来事を言葉で描き出したい。感動にじゅうぶん身を浸す間もなく、そうした思いに衝き動かされる。

こんなことは今日に始まったわけではない。そして誰に頼まれたわけでもないのだが、兎にも角にも世界の現象を言葉にすることが大事なのだ、といった切迫した気持ちに駆られる。

ウグイスが啼《な》くのどかな昼下がりでありながら、それとはまったく違う時が自分の中で流れ始める。動悸が激しくなり、額に汗が滲む。目前の萌え出ようとする新芽について過《あやま》たず言ってみせなければ、この世界での身の置き所を失ってしまう。そんな焦慮《しょうりょ》に襲われる。

急いた気持ちのまま、何かぴたりと当てはまることを言おうと、唸りながら頭をひねってみたものの、ハッと我に返る。「いま・ここ」で起きていることを言葉で表すなど到底できないのだった。

小さな葉の生命の勢いをありありと感じることはできても、尖った葉先に向けて薄緑色の脈がどのように走っているか、新芽をたたえた木が小川のほとりにどのように生えているか、いま・ここで起きている出来事について、どれだけ細かく説明しようと試みても、まるで言葉は追いつかない。生きているものの、まさに生きている様をリアルタイムで言うことなどできない。そのもどかしさに、知らないうちに足は地団駄を踏んでいた。

自分の足の運びに驚き、まじまじと足下を見てみると、名も知らぬ小さな白い花が咲いていた。これについても言葉で言えることはないだろうかと、這いつくばってそれを見た。いくら目を凝らし仔細に眺めても、やはり花弁や萼《がく》を含んだ花ぜんたいがいま咲く様子をそのままに言うことはかなわない。「小さな白い花が咲いている」という、静止した姿として見て取れるほんのわずかなこと以外に何が言葉で言えるのか。

しかも、ただいまここに咲く花について言っているつもりでも、それは見たものであり、感じたことであり、全ては過ぎ去ってしまったことの記憶について語っているだけだ。記憶の中の花をいくら詳細に語ったところで、それは現実そのものではない。

名も知らない小さな花についてすら、本当は何も言うことができない。それがこの世界について人間がまず弁《わきま》えておくべき事実なのだと知れば、生きていることや物事が存在していることに謙虚にならざるをえない。自然は人間に先立って存在しており、私たちがいくら知ったようなことを言ったところで、それは自然そのものではなく、しょせん人間があれこれ解釈した姿にすぎない。

小川の水面に羽虫が舞い、繁茂の気配を漂わせる水際の緑の隙間に、冬枯れした小枝を川面に垂らす低木が見えた。いつも自分が「当たり前の現実」として見ている世界は、立ち上がった際に見える、ごく限られた風景でしかなく、足下の様子などほとんど見過ごしている。踏んでも、そのことに気づかないほど小さく弱いものたち。それらが刻々と変わりゆく姿を含んで、この世界は成り立っている。

たったいま、この場で遭遇した、季節の移ろいの中で自然が見せてくれる変化に対しては、体を横たえ、つぶさに見、ただただ身を震わせ心で感じ入り、それを言葉にしてしまわないでい続けることが最も誠実な態度であるのは間違いない。幼い葉や花びらと私とが向き合う瞬間にしか、それらの真の姿は現れないのだから。

謙虚であるべきだと知りつつも、それでも言葉で描写したくてたまらない。それは他ならぬ「私にとって」の、一葉、花弁の、純粋な本質や真実の美しさを語りたいという衝動であった。「なんのためにそれをするのか?」という問いにはうまく答えられない。

そもそも私はなぜそのように美しさを感じているのかわからない。しかも、どうしてそれについて語りたがるのか。その目的が自分にもわからない。そのため「他人に共感してほしいからだ」という、納得しやすい答えに落ち着きそうになる。自分の行いが無目的に見えると、「止むに止まれぬ」切実さは、駄々をこねる幼子をなだめるように手懐《てなづ》けてしまわなくてはならないように感じてしまう。

だが、思う。古くから人が、この世の一切の現象を表すには、言葉は常に間に合わないと知りつつも謳い、詩を詠んできたのはなぜなのか。どれだけ言葉を彫琢《ちょうたく》しても花の美しさそのものを語ることはできない。川の流れに手を差し入れて、「この水は冷たい」と言ったところで、それは過ぎ去った流れでしかないように。

それでも人は「いま・ここ」に迫ろうとする。その試みが真の美を束の間、描き出すことがあるとすれば、それをなし得るのは人間業ではないだろう。業を背負ったものしか果たせないのではないか。そう思い至ったとき、ある木彫り職人を思い出した。

その人は「見たものを見たままになんでも彫れてしまう」技をもっていた。尋常ならざるところは、それは彼が追求するもののほんの入り口に過ぎないということだ。彼の課題は「きれいを越えること」にあったからだ。

「きれいで止まっているのが美というならば、形骸化した美しさでもいいのです。しかし、きれいを超えなければ、生きている美は彫れません。だから木で竹を彫ることにしました。たとえば、竹は尾形光琳の絵にたくさん出てきます。光琳は生きている状態を描いたから〝竹は生きている〟と思っています。しかし、萎《しお》れてないからといって生きているというのはおかしな話です」

「生きている状態」ではなく、生き生きと「生きている」そのものを彫れない限り、美に届いているとは言えない。

死んだ木材を使って「生きている竹」が彫れたと得心した時、彼はさらに次の段階を目指した。そのひとつが「真っ直ぐ」を彫ることだった。

「テーブルや障子の桟の直線は作られた真っ直ぐです。木は放っておくと曲がります。それを捻じ曲げるから真っ直ぐになる。そうではなく、私は真っ直ぐを作りたかったのです。そこで真っ直ぐな茶勺を彫ることにしました」

利休の高弟、蒲生《がもう》氏郷《うじさと》の手になる茶杓ですら、「真っ直ぐにしている」としか思えなかった。それは自分の求める、「ひたすら真っ直ぐ」ではなかった。

台風一過のある日、庭に出ると欅《けやき》の枝が落ちていた。枝を見たら、その中に「真っ直ぐの線が突き抜けていた」。それを茶杓にしようと思いたった。茶杓には適度な長さや掬《すく》う働きが必要となる。そこに技が、人為が、加わる。作為と自然の美は成り立つのか？　という難問を越えるのが、「作る」という行為の骨頂だ。

彼のいう人為は、考えたデザインを素材に反映し、加工することではなかった。生きている人間が携わることで自然の美が示顕《じげん》することを人為と呼んでいるのだ。ここで言う「生きている」とは、ひたすら生きているのであって、ただ漫然と生活していることを意味しない。

「ものが存在するというのは貴重なことです。色や距離、位置があるのもすばらしい。人間はそれらを何ひとつ作り出せません。そんな貴重品が充満しているところに生きているのだから、あだや疎《おろそ》かにものを使ってはいけない。『さあどうだ』とか『我ここにあり』といった気持ちでものを作ってはいけない」

だから「誠実に生きなくてはならない」という。それは社会を生きる上で評価される徳目とは無縁だ。

「『誠実』を良い言葉として取られると困ります。そうではない。修羅場です。誠実に生きれば経済的にも不利になりますから、この世で生きる上では損するだけでちっともよくない。しかし、たったひとつ他に変え難い、良いことがあります。それはものの本体が見えてくることです。これは要領よく生きていたのでは、絶対に見えてこない」

「あなたはどちらを取りますか？　誠実を選ぶならまじめに生きなさい。それが嫌で人とお酒を飲んだりカラオケをやりたいなら、それも素晴らしいからそちらを選びなさい。真実を捨てた、おもしろくて楽しいのもまた人生です」

私はその問いに答えられなかった。作ることは、ただただ生きることと切り離せないのだと思い知らされた。

記憶の中の青々とした竹、白い花。過去を振り返れば見出せる「生きている状態の美」は私たちを感動させ、そして安心させる。しかし、そのとき果たして本当に生きていると言えるだろうか。心が感じ、動くのは、想起の中においてではなく、たったいまに起きる。一方、安心できる美とは、過去の記憶との照らし合わせで生まれているのではないか。

この世に存在するあらゆるものは変化している。私を含むすべてが変化しているのであれば、おいそれと物事を固定的に語ったり、特定の像に仕立てることはできない。

たいていの芸術は変化の一瞬を形にとどめようとする。そこから離れ、語れないものを語り、形にできないものを形にしようとするならば、飛んでみせなくてはならない。

彼の彫った真っ直ぐな茶杓は見た目は曲がっていた。だが手に取ると真っ直ぐで端がなく、向こうもこちらも突き抜けていた。そうとしか感じられなかった。真っ直ぐという形に止まることのない運動が一本の茶杓にはあった。

「私には、これは真っ直ぐでした。目に見えない真っ直ぐです。果てがない。突き抜けている。手に持つと真っ直ぐなんです。曲がっていることは皮膚感覚ではわかりますが、そう感じている中に真っ直ぐを感じるのです」

彼は渾身の作をある目利きに贈った。相手は茶杓を手にとるや、静かに「真っ直ぐだ」と言った。

彼は「それではない何か」で〝それ〟をつくったのだ。形によって形にならざる生命の運動を浮き彫りにした。

言葉で同様のことは可能だろうかと考えて、はたと気づいた。私は「花が咲いていること」を正確に言いたいのではなく、「花が咲いている」を表現したい。つまり、花の咲く様子の説明ではなく、花を咲かしめる、見えない働きを「花が咲いている」と言わずして表したいのだ。

この世の出来事をどう言おうとも、言葉にする限り、静止した形として描かざるを得ない。だが、その中の決して止まることのない運動をなんとか表したい。

刻々と変化する生命は「いま・ここ」にあり続けている。「いま・ここ」について語られた言葉は過去についてであり、「いま・ここ」は言葉では決して言えない。固定化と変化、過去と「いま・ここ」の汀《みぎわ》に私は存在し、そのせめぎあいの中で生まれる言葉を探している。

二重被爆者、山口彊さんとの思い出

店先に枇杷《びわ》が並び始める季節になると、長崎で口にした実の甘さを思い出す。二〇〇七年五月初旬、私は広島と長崎で二度被爆した山口彊《つとむ》さんにインタビューするため長崎を訪れた。

まずは昼食をとろうと共に向かった先で、山口さんは九一歳とは思えぬ健啖ぶりを発揮し、とくに天ぷらを好んで食べた。家族の話によると、歳をとるにつれ左半身のケロイドが薄くなり、その上、近年に足を折ったものの寝たきりになることなく順調に回復し、元の通り歩けるようになったのだという。

食後に出された枇杷の爽やかな甘さを味わいながら、私は二重被爆という想像するにあまりある体験を聞く上で、何から切り出せばよいのか考えあぐねていた。

8月6日午前8時15分30秒、B29爆撃機エノラ・ゲイは「完璧な照準点」と呼んだT字型の相生橋を目標に原子爆弾を投下した。コードネーム「リトルボーイ」。長さ3メートル、直径76センチ、重量4トンのそれは投下43秒後、広島市上空580メートルで爆裂した。

爆発後、一万分の一秒後には、半径約15メートル、温度30万度の火球が形成され、0・3秒後には直径200メートルを超える大きさとなり、その表面温度は、7000度にも達した。人間は文字通り蒸発した。

爆発から3秒後、地表温度は3000度から4000度に上昇、爆心地から1キロ離れても1800度の高熱を発し、1・2キロメートル以内で被爆した人はほとんど助からなかった。

爆風の強さは、爆心地から500メートルの場所では、1メートル四方あたり19トン。地上の建造物ほとんどすべてが押し潰された」

(『ヒロシマ・ナガサキ――二重被爆』より)

このような記述に出会うとき、広島に惨禍をもたらした原爆の実相を断片的であれ、知ったと思えてしまう。山口さんも「数字を並べれば、人はその破壊力のすごさを具体的に、客観的に把握できると思いがちだ」と述べる。しかし、1／10000秒とはどういう時間なのか。私たちは、そのように細かく刻まれた時間を体感して暮らしてはいない。三〇〇〇度を上回る世界とは、どういうものなのか想像もつかない。

八月六日に地上から消えた人は、あれがリトルボーイと名付けられていたとは、知る由もなかった。では、その名をわかることは、何を知ることになるのか。

何ひとつはっきりとわからないままでありながら、時間や距離、温度、固有名に触れると史実を知ったように思えてしまう。そのようなことは避けなければと思いつつ、さしあたり来歴を尋ねることから始めた。

山口さんは戦前、長崎の三菱造船所に勤め、造機設計部で商船の設計を行なっていた。勤務地が長崎でありながら、なぜ八月六日に広島にいたかといえば、その年の五月上旬より「戦時標準船」の設計応援のため、広島への出張を命じられていたからだ。戦時標準船とは、作業の工程数を少なくした、効率の良い造船で生まれた船舶だ。戦争末期の物資と人員が極度に不足する中で「動きさえすればいい」という程度の船舶の濫造に成り果てていた。

話が戦争に及ぶと、自身の体験について、山口さんは極めて慎重に話そうと努めた。戦争を後世に伝えていく責任を強く感じていただけに、上手に語ることを戒めていた。巧く語られたことは、「本当の自分の真実ではありません」とはっきりと話した。

良くも悪くも、筋道立てて体験を語るようになると、いつしか記憶は整えられた言い方に引っ張られ、その力動に飲み込まれてしまう。山口さんはそれを自覚していた。

ささくれ立ち、飲み込みにくく、共感を寄せ付けない。生きることを難儀にさせる原爆をもしも巧みに語れば、「語りきれない」「本当の自分の真実」はいつしか摩滅していくだろう。聞きやすくなりはしても、耳を傾けるものの肺腑を抉《えぐ》るような鋭さはやがて失われる。

では、本当のことを聞くにはどうすればいいだろう。「いつ・どこで・誰が・何を・どのように・していたか」といったように、事実をひとつひとつはっきりと尋ねる。そのことで記憶の全容を明らかにしていくというのが正攻法だ。順を追って話を聞こうとすれば、それ以外にないだろう。だが、具体的に事実を聞いていけば山口さんが言いたいことを理解できるはずだと確信しては、「本当の自分の真実」という言葉に込めた切実さに迫りきれない。

相手の話す内容が私にとって明らかになれば、理解に一歩近づいたと言える。しかし、それはあくまで「私にとって明らか」なのであって、相手の言わんとすることとずれているかもしれない。そこに思い至らず、うかつに「わかった」と思えば、話の表層を撫でることにしかならない。

言葉が耳に届き、理解へと進むとき、聞き取れない音が潜んでいることを忘れがちになる。音とは心のことだ。心という無形から生じる思いが言葉という形を通じて表出する。私たちが他者に伝えたいのは、この無形のところだ。そうであれば、具体的なことを尋ねるのは、それ自体が目的ではなく、形のない心への端緒を開くためであるべきだ。

出張を命じられ、同僚ふたりとともに広島行きの列車に乗り込んだ話に差し掛かると、山口さんはこう述べた。

「広島に向かう途中に徳山があります。ここには海軍の燃料廠《しょう》がありました。私の知っている徳山は、精油塔がたくさん並んだ、迫力のある町でした。けれども車窓から見える徳山は、全部爆撃でやられてしまって焼け野が原でした。バラックの駅がぽつんとあるだけ。あとは目に痛いほどの初夏の空の青ばかり」

「あとは目に痛いほどの初夏の空の青ばかり」を耳にしたとき、何かとても大事な局面を迎えているように思えた。焦土と化した徳山の惨状をつぶさに述べるのではなく、バラックを点景に「空の青」で結んだのは、山口さんが短歌をたしなんでいたからかもしれないが、何かを伝えようとする思いが「空の青」に滲み出ていた。

ここで思いの意味を尋ねても、心を知ることにはならない。意味を問うとは、たとえば、投げたボールのスピードや放物線を描く軌跡を計算するようなものだ。それらを知っても「なぜいま投げようとしたのか」「どういう気分であちらに向けて投げたのか」というような、行為の根底にある心の働きは窺えない。

「あとは目に痛いほどの初夏の空の青ばかり」と言わしめる心の機微を、意味に還元することなく理解する必要が私にはあった。

その日、午前八時を少し過ぎた頃、山口さんは終点の江波でバスを降り、通勤ラッシュ後のひっそりとしたまっすぐな道を造船所に向けて歩いていた。路傍の芋の葉の乾ききらない露に朝日が光るのを認めた。はるか上空を飛ぶB29のエンジン音を耳にした。そして辺りは白光に包まれた。

どれくらい意識を失っていたのかわからなかったが、山口さんは痛みで目を覚まし、とろけた顔でよろよろ歩き始めた。このとき、山口さんの耳は内耳まで破壊されていた。

まず目に留めたのは、こちらに向かって歩いてくる、二メートル近い上背の仁王のような体つきをした男だった。

「体格のよさからすぐに朝鮮人だとわかりました。このあたりは、徴用され造船所関係の仕事をさせられていた朝鮮人が住むバラックの多い地帯でした」

太陽を失った空は冬のように暗かった。男は首から鍋と釜を振りわけにして縄でぶらさげ、腰には数珠つなぎにしたカボチャを巻き付け、両手はだらりとうなだれた鶏をしっかりと握り締めていた。顔面は熱線で焦げ、朱色に染まっていた。だが眼は爛々《らんらん》と光っていた。

辺りの風景が一変し、自身も重篤な火傷を負った身でありながら、山口さんは「バイタリティのひとつの典型をまざまざと見たように思い、まったく威圧されてしま」ったと言う。男の生命力に魅入られ、目を背けることができなかった。虐げられた暮らしの中でも「彼らの宿していた生命力はまったく損なわれることなく、ここに来てその原点が燃えているように思えた」。

あらゆる人間的な暮らしが焼き尽されてもなお人間である男の姿に目を見張ったのは、そこに自身の生命観に強く響くものを見て取ったからだろう。無残な死を間近に捉えた生者の眼には、何が焼き付けられたのか。私は山口さんの足取りにしたがって、その眼が映じた景色を自分に移し替えるようにして次々と尋ねた。

千田町の寮に帰るべく、宇品の波止場から歩き出すと、放心状態の人々が川面を照らす炎を見つめていた。「広島は火中に自らを投じて燃えていた」と山口さんが形容するように、町のいたるところに火竜が幾条も首をもたげていた。

その時、川岸を歩いてくる一群がいた。大人を先頭にした子供の集団だった。小学校の教師と生徒と思われた。

「体には服と呼べるようなものはなく、布切れがまとわりついているのみで、幽霊のように手の甲を向けた先からは腕の皮膚が手袋のように垂れ下がり、性別も定かではなかった」

彼は「定かではなかった」と言い終えたのち、「かろうじて膨らんだ胸で女の子だとわかった」と続けた。そのとき私は山口さんの瞳の奥に少女の姿をはっきりと認め、怖気をふるった。

恐ろしいことに彼女たちは「一言も話さず。悲鳴も漏らさず」幽鬼のような格好で、山口さんの右側を静かに過ぎ、暗がりの中へ去って行った。左手の川は燃える町の灯りに照らされていた。「熱い」「助けて」と叫ぶ人たちが水中へ次々と没し、やがてぷかりと浮かび、筏のように流れていく。

「恐ろしいことに」と私がここで表現したのは、集団が不気味に沈黙していたからではない。山口さんは被爆した際、左耳が聞こえなくなっていた。左手の川から聞こえた悲鳴は、もしかしたら右側をすれ違う一群の声だったのかもしれない、という憶測をまったく許さないことに気づいたからだ。

山口さんが眼にした「一言も話さず。悲鳴も漏らさず」の光景は、疑いようのない事実だった。その時、その場にいたのは、世界でたったひとり、山口さんだけだったからだ。彼の心に映じた以外の世界は存在しなかった。客観的な事実として語りようのない恐ろしい事態が広島で本当に起きたのだと、そのとき私は初めて理解した。

人類史上例のない悲惨な出来事だということの意味を、私は認識したのではない。山口さんの心が描き出した世界の姿に対し、怖気をふるうという身体の応えで理解したのだ。

心を言語によって定義づけ、知的に理解しようとすれば必ず惑う。わかるとは、心に心を以《も》って「応じる」という身体による行為しかありえないのではないか。

たとえば、心づくしの料理を味わうことは、食材の理解ではなく、食べるという行為である。供された料理を食べてみる。応じることがすでに理解なのだ。つまり以心伝心とは忖度ではなく、互いの身体の応答のことだ。

心を以て心を伝えるとは、黙っていても心が自ずと通じることを意味しない。形のない心をいかに我が身に映すか。それは確答に至ることのない、終止しない問いであり続ける。

山口さんの経てきた壮絶な体験は、私の中には見当たらない。想像力では決して埋められない。だから言葉の意味を知的に理解するのを諦めた。その代わり、彼の心の働きを我が身に照らした。すると心象が私に映った。

「映るとも月も思はず　映すとも水も思はぬ　広沢の池」という歌がある。水面は月の動きを理解した上で映すわけではない。ただ照応しているだけだ。知的な読解ではなく、その人の存在を我が身をかけて理解することによって心の働きが知られることもある。

「夏雲は私の墓標であり、赤い夾竹桃《きょうちくとう》の花は、私への供華である」と山口さんは手記に綴っている。もうこの世にはいない彼に供える花があるとすれば、それは弔《とむらい》の言葉になるだろう。そのとき、私の心に山口さんの面影が月のように映し出される。生死の隔たりを超えて、彼の声をいま聞き取っているように感じる。それは私が身体で死者に応じ、彼岸を我が身と心に照らすことになり得ているとは言えまいか。

元慰安婦がかき口説いたこと

一九九七年初夏のある日、東京地方裁判所に出かけた。官庁街とは無縁の暮らしだったにもかかわらず霞ヶ関に出向いたのは、従軍慰安婦だったSさんの日本政府に対する損害賠償請求の訴訟を傍聴するためだった。

慰安婦について考えると頭に重石が載っているような気分になる。〝イアンフ〟と口にすると、その言葉に唇がささくれ、口中に鉄錆のような苦い味が広がるように感じる。裁判所に向かう足取りは重かった。

当時も今も「慰安婦問題」について滑らかに語ることが私にはできない。様々に感じるところはある。だが、はっきりとしたことを言おうとすると胸がつかえる。それでも口を開こうと何とか話の緒《いとぐち》を見出して、手繰り寄せてみれば、たちまちセックスや暴力、ジェンダー、戦争、民族、国家と、ひとつ取り上げるにも骨が折れるものが複雑に絡みあっていることがわかり、またしてもどこから手をつけていいかわからなくなる。

多くの人の人生が絡まり合い過ぎていく時間の中で、朽ち果てることのない念だけが日毎に膿んで熱を持ってしまっている。

気づくとこのようにとっかかりさえ見つからない纏綿《てんめん》とした事態になっているのは、慰安婦の存在が世間にあまり知られていなかったせいではない。私のように戦後生まれではあっても、彼女たちの足跡を小説や映画を通じて知る機会はそれなりにあった。

私は慰安婦という言葉を知る前に、その存在について知っていた。それは小学校高学年の頃に関西のローカルテレビ局でよく再放送されていた、勝新太郎主演の「兵隊やくざ」を通じてだった。その年頃であれば、セックスについて少しは知るようになっており、映画に登場する彼女たちのしていることは、なんとはなしにわかった。女たちの出自と行く末が明るいものではないこともよく理解できた。

映画は慰安婦について微に入り細を穿《うが》った描写はしない。軍隊を経験した男たちにとっては説明するまでもない、「普通の光景」だったからだ。

彼女たちは戦争の輪郭を描く際に欠かせない存在でありながら、正史には登場しない。しかし、稗史《はいし》においては語られていた。ひところ私は仕事で戦友会の会誌を読み込んでいたのだが、その中で慰安所について触れているものが散見された。ただし、書き手はあくまで思い出として綴っているのであって、内省はない。そもそも戦後間もないうちに戦友会に出席したり、寄稿できるのは早々と過去を回顧できるような人たちだ。自分のしでかしたことの重さに耐えきれない人たちは、口を噤《つぐ》んで決して語りはしなかった。

男たちの戦地における「普通の光景」は、彼女たちにとって平常であるはずはなかった。そうしたことを語る多くの証言を文献で読みはしたものの、それはあくまで文章として整理されているため、抑揚は一定に揃えられている。彼女たちが実際に語る声はどういうものなのか。それを知らないことには、史実の断片でさえ知ったことにはならないだろう。

私が裁判所を訪れたのは、Sさんが自らの半生を述べる日にあたった。法廷に現れた彼女に対する最初の印象はと言えば、きついパーマのかかった短髪と口を衝《つ》いて出る東北訛りのあけすけさもあって、「粗野」に尽きた。Sさんは一六歳で斡旋《あっせん》業者に騙され、中国の慰安所に送り込まれ、戦地を転々とした。自分の人生を狂わせた戦争を、そして日本を呪っていた。

彼女は「呪う」と端的に表現したわけではない。我が身に降りかかった災厄と不幸、殴られ、蹴られ、軍刀を突きつけられて体に負った傷のひとつひとつについて話をする中で、「なにゆえこのような目に遭わなければならないのか」とかき口説いた。この口惜しさ、恨みをいったいどうすれば晴らすことができるのか。ぶっきらぼうな調子で語るすべてが呪詛であった。

慰安婦だった女性は本当のところは何を考えているのか。その声を聞きたいと思ったにもかかわらず、私はSさんの話を少々回りくどく感じた。そのように身の上を物語るのではなく、国家の不法ぶりを明かすような話し方はできないものかという思いが脳裏をよぎったのだ。

しかし、すぐにそれが見当違いだと気付いた。法廷という場に合わせた、世間に受け入れられやすい洗練された言葉遣いをなぞることの愚かさを思い知らされた。彼女は日本への恨みを述べるかたわら、振り絞るようにして言い放った。

「敵が襲撃した時には、銃弾を運んだりした。私たちも御国のために戦ったんだ」

その一言を聞いてハッとした。その「敵」とは国民党の軍なのか、それとも八路軍なのかはわからなかったが、中国の軍隊が彼女にとっては敵だったと言っているのだ。癒えることのない傷を与えた日本に呪詛を吐いていた立場から反転したところで、Sさんは語っていた。原告の弁護士のひとりが渋い顔をし、傍聴席の支援者が苦笑いしたことに気づいた。このような目に合わせた恨めしい国。しかし、国のために身を投じて戦いもした。人によっては矛盾して聞こえたであろう訴えの後、彼女はひときわ興奮した口ぶりでこう続けた。

「兵隊さんはかわいそうだった。泣いている人もいた」

私はさきほどまで彼女の語りは冗長だと感じた。だが大事なことを見落としていた。彼女が日本語を身につけたのは、一六歳で慰安婦になってからだ。男たちの欲求を理解するために彼女は言葉を覚えたのだ。

母国の言葉ではないがゆえに表現が洗練されていないのではなく、当時の生活が彼女にそのような日本語の言葉遣い、身振りを要請したのだ。

誰も彼女を繊細に丁寧に扱ってはこなかった。彼女が今生《こんじょう》を生き延びるためには、なりふり構わず、荒々しくある以外に手立てがなかった。一〇代半ばにして望まぬ人生を歩むはめになった人の体験が、私たちが穏当に受けいれられるような、上品な、理路整然とした言説に収まるはずもなかった。

私が一瞬でも間怠《まだる》く感じてしまった、その口ぶり以外では、彼女が体験したことを語りようがないのだ。身に刻まれた恨みや悲しみを抑えることも晴らすことも叶わず、引き裂かれた感情を抱え、それでも正気を保たなければ生きていけない。苦渋しか味わえない人生に意味があるのかと、何度己《おのれ》に問うてもみただろう。そのような葛藤を持ちながら言葉を発するとすれば、辱めに泣き、身を震わせて激昂し、身悶えしつつかき口説くほかない。少なくとも凡庸な生き方しかしてこなかった手合いには想像もつかない、ひしがれざるを得なかった人生がある。

元慰安婦たちを罵る言葉が巷に溢れている。「慰安婦」の存在そのものを否定する言説も目立つ。面罵し否認する人たちに見られるのは、「確固とした情報がない限り、事実として認められない」という信念だ。彼らは言う。証言内容が信じるに値しないと。慰安婦によっては、証言の細部が経年に従い変わっているではないか。それでは事実として認めがたい。そもそも曖昧な記憶を裏付ける文書や事実があるのか。

　批判する人たちは論理立って、客観的な検証に耐えうる整序された説明でなければ信じるに足りないという考えを信奉している。私が公判中に感じた自身の愚かさの根もここにある。

　ただ、私と彼らには決定的な違いがある。彼らはオーラル・ヒストリーなどは歴史の些末な傍証に過ぎないと考えている。だから公的機関による裏付けのない、誇張や捏造の混じる個人の記憶などあてにならないというのだろう。

　あまりに悲惨な体験をした人にとって、真実を語ることほど辛いものはない。時に偽りを述べることもあるだろう。客観的かどうかはともかく、本人にとってはそれが真実としか感じられないこともあるだろう。個人の記憶を語ることは真実を何も証立てないのかといえば、それほど事は単純ではない。嘘もあれば事実の糊塗もある。しかし、それ自体が、彼女らの来し方やいまの暮らしの在り処をはっきりと指し示している。

　確たる事実があって初めてその人の体験なり身の証になり得ると信じて疑わない人たちは、自分の存在をどう立証するのだろう。健康保険証やパスポートという国家のお墨付きがそれにあたるというだろうか。「確実なデータ」のひとつに国家の管理する戸籍謄本がある。しかし、それは自分が生まれたことの証明に本当になりえるか。

いつどこで生まれたかを私は知らない。私が生まれたのを目撃した親が役所に届けを出し、それが文書になった。私の存在の証明は、他者の記憶とその記述という行為に根本的に委《ゆだ》ねられている。私の存在証明を突き詰めていくと、生きていることの証とは、文字による記録以前の人の記憶のあいだで紡がれているものだとわかる。他人の介在によって証立てられた、その記憶の彩《いろどり》の中で私は存在しているのだ。

祖父母や両親、兄弟や近隣、友人が私について語る複数の声の中で私は存在し、その記憶に私は支えられている。誰しも経験しているだろう。「あなたの小さい頃は――」という他人の昔語りは、馴染みのあるエピソードを毎度語っているようで、語るに従い、時系列や登場人物が微妙に変わり、別の人物によって新たな事実が加えられ、また話が枝分かれし、私の記憶を豊かにする。そうして過去の景色は変化していく。

変わってしまっては真とは言えない。嘘かと言われれば、そうなのかもしれない。

だが偽りでもない。私が生きている限り記憶は変化し、固定したストーリーになりはしないからだ。

歴史を振り返ると、人は実際には文字や文書で確定しようのない陰影を生きているということがわかる。Sさんがなぜこのような憂き目にあわなければならないのかと嘆く時、その原因は国家や戦争だということはできる。しかし、それは「なぜ他の人ではなくSさんがそのような体験をせざるを得なかったのか」という問いへの答えにはならない。社会の枠組みの中で因果関係を説明しても、その謎を解き明かすことはできない。

その災厄をもたらしたものは何か？　と問うても答えがない。そのため人は太古から不意打ちの運命の一撃、降りかかった災いに怒り、怯え、身悶えしながら祈り、踊り、歌ってきた。

怒りも嘆きも抑えようがなく溢れてしまうものだ。だから地を叩いて哭《こく》する。その姿は感情を抑制することがスマートであると思っている者の目からは、ひどく野卑に見える。品よく振る舞うことに長けた私たちは、人生を損なうような圧倒的で野蛮な力の存在を想像することができなくなっている。

生は整然とした社会の内側に収まっていると思うのは勝手だが、それは仮想の現実に過ぎない。私が社会に期待している像とそれを保証してくれるシステムや情報の照らし合わせで現実が構成されていると思い込むと、本当に大切なことは情報にならないところにあるということが見落とされてしまう。

なぜSさんは恨みを述べつつ、日本兵を哀れんだのか。その感情と感覚は決して整然とした理屈になりはしない。矛盾を矛盾と指摘するのはたやすい。矛盾を飲み込んで生きてきた姿を記したところで、その真意は可視化されない。

文書というひとつの線的な物語に収斂されることのない、抑揚に富んだ、回りくどい口調の感情の昂ぶった人たちの悲痛な声は何を訴えているのか。見えないところに見るべきものがあると知らないままでは、その声が聞きとれなくなるのだ。記述された「歴史」を重んじても、切って血の出る言葉に感じ入ることがないのだとすれば、その時、歴史は色褪せ、生気のない他人事の事実の羅列でしかなくなる。

私がここにいるのは、「これまで」があるからだ。始まりの人物が誰かはわからないが、途絶えずに伝えられたつながりがあって、「ここで生きている」という事実がある。到底認識できないような多数の人の体験によって私は支えられている。私にまで辿り着いた物語が歴史に他ならない。他人事にはならない切迫した数々の物語があって、私はこうして生きている。

ここに至るまでには無念の思いを抱えた人物もいるだろう。報われなかった人生を歩んだものもいるだろう。多数の声にならざる声が私の中にも響いている。記述された「歴史」を覚えるのではなく、切実な人生を生きた物語に肉薄するには、私の中を通じて「これまで」の遍歴を遡る旅が必要になる。

それは栄光と賞賛に満ちた歴史を語ることにはならないはずだ。知りたくもなかったことに出会い、傷つくこともあるだろう。傷に向き合うことをせず、雄々しく振る舞ってしまうのは、自らの痛みを癒すことを恐れるからだ。癒すためには知らなくてはならない。私の中に響く声の中には、己のしでかしたことの重さを感じることに恐れを抱いている者がいる。

何度でも言う。私がここまで辿り着いた当事者としての物語が歴史なのだとすれば、他人事のような理路ではなく、声を伴う物語から訪ね歩くほかない。是非善悪で分別するのではなく、ただ起きたこと、それを経験した人の声に耳を傾ける。その時、私は自らの中に、彼ら彼女たちの物語と響く声を見つけられるかもしれない。

第3章　記憶と家族の狭間

「三つ子の魂百まで」を越えていくこと

「三つ子の魂百まで」という俚諺《りげん》を聞くと、アマゾンの奥地に住む少数部族「ピダハン」のことが思い出される。彼らの魅力溢れる生き方についてかいつまんで話すことはとても難しい。ピダハンの生活観の特徴が表れているところを少し挙げるとすれば、彼らには宗教がない。数の概念がない。「おはよう」も「ありがとう」もない。左右を表す言葉も色の固有名もない。手近なものを利用するブリコラージュはあっても、技術の練磨や伝承に関心がない。未来や過去の概念がどうも存在しない。

無い無い尽くしで取り付く島がない。それで果たして、意思の疎通が図れるものかと怪しからん気持ちに多くの人はなるのではないか。「昨日の狩猟でどれだけの獲物がとれたか」とか「明日の食をどう確保すればいいのか」といった話を仲間にどのように伝えればいいのか。

彼らがそれらについてどう答えるかわからない。しかしながら概念に慣れ親しんでいる私たちはその問いについて前もってこう言うこともできる。「杞憂」と。明日や昨日の概念がないのに、未来や過去について思い悩むことはできないだろう。明日のことは、その日のその場にならないとわからない。昨日のことはいまのことではないため考える対象にすらならない。

ピダハンのような無文字社会では、過去を憂い、未来という幻影に怯えないで済む。常にただいまを生きていくほかないため、見てもいないことや思ってもいないことについて語ることがない。いまここを離れ、時間と空間を分断する必要がないのだ。その場で伝えるべきことを伝えるためなのか、ピダハンは老若男女を問わずおしゃべりが大好きだ。彼らのおしゃべり好きを示す逸話の中に、「三つ子の魂百まで」を考える上で大いに示唆に富むものがある。

ある日、幼な子を傍らに母親がいつものように部族の女性とおしゃべりに興じていた。幼児は鋭い刃物を手にして遊んでいる。母親も話し相手も「危ない」と叱りつけたり、刃物を取り上げることはなかった。誰も子供に特別注意を払っているようには見えなかった。

しばらくして、子供はうっかり刃物を落とした。すると母親はおしゃべりを続けつつ、我が子に視線を向けることもなく、片手間にするような塩梅で刃物を拾い上げると、再び子供に握らせた。

このエピソードを知って、何より腑に落ちたのは、「三歳で成人する」というピダハンの共同体の習わしだ。数の概念も危ういのだから、三歳というのは外部の観察者から見たおおよその目安にすぎないだろう。

もちろん三歳になったからと言って、狩猟や採集を一人前にできるわけではない。親や部族の成員たちの助けは欠かせないはずだ。では、何をもって成人したというのか。

刃物のエピソードから思うに、おそらくピダハンは三歳までに自己実現を果たすのだ。つまり生まれ落ちて三年のうちに、あらゆる主体的な行動に対し咎め立てられることなく、自己満足を得て、肯定感を味わい尽くす。そのあとの人生については、他人に承認を求めることを主要なテーマとしないのだ。

翻《ひるがえ》って私たちはどうか。幼いうちは刃物を持とうものなら、きっと「危ない」と言って取り上げられるだろう。何が危険で、何がそうではないのか。体験して初めて理解できる機会は丁寧に取り除かれる。それは子を思う親心の発露ではある。

しかし、親の心に宿るのは愛情だけではなく、「社会からの要請に従って欲しい」という魂胆もある。「ともかく現状の社会に合わせて生きることが良いことなのだ」という価値観と信念を一度も疑うことのない親のもとで育てられれば、子は愛情を受けられるかもしれないが、完全に満足を得ることもないまま二〇歳を迎えるだろう。成人して初めて、今まで得られなかった肯定感を得るため、自己実現を果たそうとするのだ。そして承認欲求を満たすべく、他者依存を図るようになる。文明社会においては、自立はいつか達成されるべき努力目標であって、決して実現されないものとなる。一方、ピダハンにあっては自立は生きる上での前提でしかない。

「三つ子の魂百まで」はかなり汎用性のある諺《ことわざ》ではある。しかしながら生まれた環境を選ぶことができないにもかかわらず、それで後々までが決定されてしまうことに残酷さを感じもする。

生まれ落ちた土地の気候やそこで話されている言葉、培われてきた人々の身のこなしなど、環境は私たちがこの地で生きていく上での足腰を養うものとなる。それは選択のしようがない。生活の柄を決める風土や言語、所作は一個人を超えたものであり、自然に応じて発生した。誰かが計画して作ったわけではなく、人為の及ぶところではないものだ。

同じく選びようのない環境ではあっても、家族に関しては容易に肯定できないし、複雑な思いを抱かざるを得ない。核家族の時代では、概《おおむ》ねふたりの大人が関わるだけの閉じた環境で子供は育つ。どの親も「子供のため」を考え、愛情と優しさをもって接しているかもしれない。そうであっても、この社会が常識とする人生観はピダハンのそれとは違う。子供が二〇歳になるまで自己満足を得て自己実現を果たすことを、教育という名の下に阻むのを当然としている社会では、幼い時代はなかなか過酷な体験となるだろう。私らしくあることよりも、社会に適応することを第一義としてサバイブしないといけないのだから。これは虐待をしているような家庭にとどまらず、平凡な家族でもごく普通に起きている現象だ。

いつの時代も家族の形は、いま私たちが目にしているようなものとして存在したわけではない。当代、ごく限られた体験しか持ち合わせていない大人が子供を抱え込むことを、あたかも自然であり、連綿と続いてきた伝統的な家族であるかのように見なしている。

しかし、つい六、七〇年ほど前まで、たとえば郷村であれば、家族の枠はずいぶん広かった。子を育てるのは基本的に祖父母の務めであったし、近隣の人々が関わるのも当たり前だったことは、古老の話や様々な書が伝えるところだ。常日頃から親よりも多くの体験をしている複数の大人が子供とのつながりを持つのは当然であり、まして育児書に従って「まともな人間に育てる」などという発想も行き渡ってはいなかった。子供は限られた人間と思想に囲い込まれることはなかった。

「昔はよかった」と言いたいわけでもなければ、現状の社会の雛型である家族像への恨み言を綴りたいのでもない。近代以前の日本も、ピダハンと同じとは言わないまでも、子供のやりたいようにさせていた。幕末に日本を訪れた西洋人の少なからずが、子供を全く叱らずに可愛がる大人の姿を記している。家畜と同様、子供を厳しくしつけることを普通に行っていた文化の人間には、「七つまでは神のうち」を地でいくような光景は驚くべきものだったようだ。

そうした時代がかつてあったにもかかわらず、現状がこのようであるなら、それなりの事情があっての変化であるのは間違いないだろう。

かつて子供は、家族の、そして共同体の小さな成員として、家事から子守りまで子供なりにできる日々のやり繰りに参加していた。近世に覆いかぶさるように近代化が始まると、家族観も変化しかつての子供の日常への関わりは「労働」と見なされるようになった。一日の多くをそれに費やすのであれば、親と会話する間もなければ、親に特別注意を払われることもない。やがてそれは愛情不足やしつけの欠如として捉えられるようになった。

そのような見方が力を得るようになると、従来の家族のあり方は捨て去るべき旧弊であり改善しなくてはならない問題として映り出す。子育ては両親が関わるべきであり、慈しんで育てるものだという見方が常識になり、それが「まともな家族」なのだと多くが思う頃には、ハウスメーカーの提供する「団欒する家庭」のコマーシャルイメージにすっぽり当てはまるような家族を人々は夢見るようになった。そうして古い家族を脱したものの、その後の顛末はありていに言って家族の漂流だった。家族であり続ける必然性が成員にしてもわからないまま、一体感を持とうとすれば、虚ろな家族像を演じるほかない。

かつてカウンセラーの信田さよ子さんに取材した際、「まともな家族なんてコマーシャルの中にしかありませんよ」と喝破された。コマーシャルにおいて、「まともな家族」は時にすれ違いがあったとしても、愛情を軸に親密な関係を確かめあっている。互いを思い合っている。

信田さんはＤＶや虐待、摂食障害といった家族の軋轢から生じた様々な問題を扱ってきた。それらを通して見えてきた家族の現実は、むしろ愛情と親密さがもたらす弊害に溢れていた。「まともな親」のもとで「まともな人間」として育てられてきて、まったく自己肯定感がないまま、ひどく自らが損なわれたと感じて生きている人は少なからずいる。

そういう家族には、「本当の愛情がない」ということもできる。そうとわかったら、私たちはいつか達成されるべき愛情を思い浮かべて努力するだろうか。「本当の愛情」というとき、私たちは理想という概念を実行しようとしているに過ぎない。件《くだん》のピダハンの母親の振る舞いは、私たちからすれば愛情がもたらす行いだと言い難い。なぜなら「私はあなたのためを思ってする」という重さが感じられないからだ。ささやか過ぎて手応えがない。まともであろうともしなければ、愛情と称したコントロールにも行き着かない。

二〇歳を超えてから自己実現を果たそうとする社会にあって「まともな家族」は、「いつか実現されればいい」と期待を寄せる像でしかない。そうして良かれと思って築いてきた新しい家族において、思い描いた愛情の追求は、しがらみと葛藤を生み、しつけは子供の自立を阻止したのだと、もはやはっきりと言っていいのだと思う。

そんな状況で「三つ子」のうちを過ごしてしまった私の魂のありようは、おおよそは決定されてしまったかもしれない。だからと言って、決まり切ったストーリーしか歩めないわけではないはずだ。

間道《かんどう》を抜けることができるのではないか。そのためには家族が用意し、うかつにも私が選んでしまったストーリーとは何かを知る必要がある。

信念とサバイバル

長らく納戸に押し込めたままになっていた乱雑にすぎる荷物の整理を始めてみたものの、アルバムを見つけて早々に中断。しばらく見入ってしまった。ページを繰るにつけ、物心つくまでの無邪気な様子に我ながら驚く。いまの自分にはまったく見あたらない、屈託のない笑みを浮かべている。亡母によれば、街中や電車内で「抱っこさせて欲しい」と女性たちによくねだられたという。いろんな人の腕の中を巡りながら始終機嫌がよかったそうだ。確かにかつての私は非常に愛想のよい表情をしている。

順々にアルバムを手に取るうちに、一葉の写真に目が留まり、息を飲む。退院したばかりの母を祝って一緒に写したものだった。

母の病は全身性エリテマトーデス、広義には膠原病と言われる難病で、いまなお治療法は確立されていない。写真の彼女は薬の副作用による、いわゆるムーンフェイスの様相を呈し、ひどく浮腫《むく》んでいた。寄り添う私に笑顔はなく、肩先と口元に緊張が走っている。三歳の終わり頃だ。

久方ぶりの再会で駆け寄ったものの、しっかと抱きつくことをなんとなく避けた。母のあまりの変貌ぶりを受け入れられなかったからだ。私の態度は彼女を傷つけただろう。

とはいえ、それだけでは片付けられないわだかまりがあったことに、いまになって思い当たる。私は慌ててページをめくり、以降の自分の表情を確かめ、そして得心した。やはり、この日を境に陰のある面持ちを宿すようになっていた。

見慣れぬ顔つきの母に対する私の態度の根底には、これまで暮らしていた中で感じた温もりとは隔たった世界に彼女が足を踏み入れてしまうことへの拒絶があった。死への忌避と恐れが私に芽生えたのだ。同時に、このような自分の気持ちを知られてはいけないという思いも強く、そのぎこちなさが写真には映っていた。

アルバムは、私が無邪気でいられる時代は早々に終わりを告げたということを物語っていた。この日を境に私は恐怖を学び、自分の身を守るために親と取引することを始めたのだ。

多くの大人は恐れを媒介にした取引を、生き延びるために採用しながらも、そのことを意外と自覚していない。打算を連想させる取引という語が親子の結びつきに差し入れられるとは、よもや思わないのだろう。

しかし、幼い頃の私たちの表現はいつも必死だったことを、思い返して欲しい。親の注目が自分から離れたり、見放されたと思った瞬間、どうして幼子はこの世の終わりでもあるかのように全身全霊で泣くのか。愛情を求めているとも見えるが、根底には親の庇護なくして生きられないことを本能によってしっかりと直感しているからだ。

生存を第一とする生物の本能に基づく行為に私たちが徹するのであれば、親子の取引はこじれることはないのだろう。けれども人間の場合、そこに社会や価値観という概念が立ちふさがることで、わだかまりが生じてしまう。動物である私たちは本来はじっとしていられない。拘束されるのを嫌がる。だが成長するにつれ、教室や会社等々、その場によって行動を変えなくてはならないと教え込まれる。規則や秩序という概念を身につけるにしたがい、一応は身を律することを覚えはする。それでも窮屈さを感じずにはいられないから、時に羽目を外すことでバランスを取ろうとする。

幼子は拘束されると、率直に拒絶を表現する。だから親は苦労する。我が子にのびのび育って欲しいと思いつつも、電車やレストランで自由に振る舞われては、周りの迷惑になる。そこで巧みに取引を持ちかける。「静かにしていたらおやつをあげる」「いい子にしていないと怖いおじさんに怒られるよ」「言うことを聞かない子はうちの子じゃありません」。様々な言葉でコントロールを試みる。

親の必死さが、その善し悪しはともかく、子供の全力の訴えとどうしても釣り合わないのは、それが社会規範に従って欲しいという願いから発しているからだ。

そして、子供に馴染んで欲しい規範は、親自身の価値観によって生まれる。これは「生きる上で何が大事なのか？」という問いを含むものではなく、「システムの中における正しい振る舞い」という結論から導かれることが大半だ。端的に言えば、そこには「私はそうやってしつけられ生きてきた。だからおまえもそうせよ」というメッセージが含まれている。

こうした無自覚のメッセージは愛情やしつけといった形をとって現れる。確かに親には親の人生や事情があって、自分の価値観を身につけてきた経緯があるだろう。ひとつひとつに切実なストーリーがあるのは間違いないとしても、極めて個人的な事情で選ばれてきたはずだ。それと子供との折り合いがつくように仕向けることを「愛情をもって子供と接する」と言ってしまう時、確実に見過ごされてしまうものがある。「愛」によって隠された意図があるのだ。

「おまえを愛しているからだ」という言葉で正当化される干渉、支配的な振る舞いが子供に重くのしかかる。無自覚のうちに愛情という言葉が親に優位な取引を進めるために用いられ、愛を引き合いに、「私の望むおまえであらねばならない」と迫って来る。それは愛ではなく、親の個人的なストーリーを子供に強いているに過ぎない。

子供からすれば、親の情だと信じたいのに諸手を挙げて受け入れられない。そのことに苦しみ、自責の念を抱えて時に自傷行為に走る。

生き延びるという本能が、親の提示する価値観に対し働く時、私たちは社会的にサバイブする方法を学んでいく。それは「いかに家族の中でうまく立ち回るか」というような、限定された条件の中での取引になっていく。

厄介なのは、閉じた家族の関係性の中でよしとされる価値観は、親の態度で明確に示されるとは限らないことだ。子供はサバイブするのに必死なため、大いに忖度する。

私の場合、最初の取引は母との間に交わされた。

母の患っていた膠原病の病因はいまなお不明だが、遺伝やストレスが引き金ではないかと言われている。ストレスについては思い当たる節はある。結婚生活だ。

父はスサノオのような男で始終、怒っていた。荒ぶる神の怒りは何に端を発するのか、人間には見当もつかない。些細なことでも自分の好みに合わなければ怒鳴った。

もともとスポーツが好きで健康かつ快活だった母はおおらかなところがあった。鷹揚さにははなはだ欠く父との暮らしが相当ストレスであったのは、想像に難くない。

病を得てから床に就くことも多く、家事も難しくなった。皮膚は薄く破れやすくなり、軽くぶつけただけで内出血を起こし、肌に青痣が浮かぶのはしょっちゅうだった。

母の死を想像すると、胸のうちに不安が高まって息もできなくなり、体が強張った。死を理解するようになってからは、私は素直で無邪気であろうとした。恐らくは、両親の言うことに応じない、コントロールの及ばない兄の存在が念頭にあった。家族の中で彼はとにかくわがままな存在として扱われていた。やがて私も時に兄を軽んじる発言をするようになった。非常に主体的で行動力のある兄を、私は自分がサバイブするために犠牲にしたのだ。

母は「それに引き換え、おまえはいい子だ」という言い方で誉めた。だから私はこう思った。「いい子にしていないと母に認められない」「認められないような存在であれば、母は死んでしまう」

だから私はいい子でなければならなかった。死という不条理な出来事を回避するため、そして自分が生き延びるための合理化がそのような理屈になった。これが母との間で結ばれた関係性だった。

ふたつめの取引は父との間に交わされた。

怒りに任せる父と比べて、私は怒ることが不得手だ。他人の言動に怒りを覚えても感情そのままを表すことができず、「私は怒っている」と言葉で説明するような、ロボットめいた言動をとってしまう。

さすがに幼少期は手加減されたのだろうが、四歳あたりから私も怒りをぶつけられるようになる。「なぜそんなことをするのか」「なぜそんなこともできないのか」と一挙手一投足について父は迫る。答えたところでこちらの言い分や心持ちが理解されるわけではない。ただ一方的に否定される。彼の正当性を証明するために怒られる。

私は怒りに怯え、「自分が悪いのだ」とすぐに思い込み、その理由を自分に見つけてしまうようになり、やがて自分が怒ることにすら怯えるようになった。

そんな筋合いがないにもかかわらず、一方的に怒りをぶつけられるうちに、私は「怒りとは理不尽なものでしかない」と学習するようになり、やがて怒るという感情表現そのものに正当性を見出せなくなってしまった。

自責や罪悪感が心の中に固い結び目を作ってしまった。怒りを覚えた途端に、それを表現する価値が自分にはないように思えてしまう。そうした自己否定の回路を養ってしまったのだ。

本当は自分は怒られるようなことはしていないと知っていた。しかし、親の怒りを正当化しなければならない。親から独立して生きていけないからだ。それは死を意味する。見放されるのが恐くて、理不尽さを引き受けるようになった。

だから私は父と取引を交わし、見放されないために、怒られるに値する否定的な存在として自らを扱うようになった。

苦しい状況を生き延びるために何も感じないようにする。ここにいながら自分の感情を切り離す。乖離した分、自分の中に虚しさが広がっていったように思う。

両親との取引はやがて私の信念となり価値観となり、サバイブする原動力となった。自分を否定する価値観をなぜ積極的に採用するのか、腑に落ちない人もいるかもしれない。

例えば「おまえは何もできないダメなやつだ」と言われ続けて育ったのならば、ダメな人間であることを証明し続けることが唯一認められる方法だと学んでしまう。否定されることがその人の唯一の評価となれば、当然それを生きる上での信念にしてしまう。これが社会や価値観という概念を相手に生きてしまう人間の問題だ。

信念に基づいた生き方は世間では賞賛される。しかし、一皮剥くと生育環境の中で、それなしには生きられなかった背景があるのではないか。なぜ己の信念と相いれない考えに対して、多くの人がいきり立って否定したがるのか。それは、そのようにしか生きられなかった過去の痛みや悲しみが疼《うず》くからだ。他人事として距離を置けずに、激しい葛藤が生じる。己の生き方に実はひとつも納得などしていないということが露わになるのだ。

信念とは、生きる延びるために養ってきたストーリーと言い換えてもよいかもしれない。

そして、重要なのは、こうした考えもまた私が過去を自分の信念に従って解釈したストーリーに過ぎないということだ。

恐怖の原点

「どこにでもあるような家族の風景」と、ハナレグミが何気ない暮らしのかけがえのなさについて鼻にかかった声で歌うとき、私の脳裏に浮かぶのは、ほとんど家に帰らない兄の部屋のあまりの汚さ、乱雑さに怒り心頭に発し、二階の窓から一切合切を放り投げる父であり、その仕返しに金属バットを持ち出し、父の部屋に殴り込もうとしたものの、私に阻止されて腹いせにリビングのシャンデリアを粉微塵に叩き割る兄の姿であったりする。

所構わず怒りを噴き出す父と、それに怯えて目を伏せる私。対照的に父の怒りに反応して激昂の度合いを増していく兄。それが私にとっての「どこにでもあるような家族の風景」だった。

みんなそれぞれ自分の態度には正当な根拠があると思っている。「なぜ理解されないのだろう」と本気で不思議に思ってさえいる。

ひとつの出来事を巡っての解釈は、家族であってもまるで異なる。互いの感情や思考を想像しようにも取りつく島がない。私がそのことを奇異に感じなかったのは、自分の感情を押し殺していたからだろう。少なくとも、「これが普通の家族なのだ」とことさら思う以前に、その状態を当然のものとして受け入れていた。

シャンデリアが打ち砕かれてからしばらく、ショーン・ペンの初監督作品『インディアン・ランナー』を観た。映画では、主人公の弟であるベトナム帰還兵のフランクが、破滅に向けてひた走る様が描かれていた。日に日に常軌を逸していく弟に、兄は心痛めていた。

私は映画の主人公のような思いやりを兄に示したことはない。金属バットで暴れた兄に「勝手にものを捨てるなんてひどいよね」と慰めの言葉をかけることもなく、彼の面前で淡々とガラスの破片を掃き集めた。兄は、シャンデリアを破壊したことを責められたと思ったかもしれない。

生まれてこのかた、心通わすのとは無縁のそうした自分の態度に疑問を持ったことはない。けれども、映画を見終えて思ったのは、無関心でいられるのは、兄との関係性、ひいては家族のあり方を直視することを自分が避けているからではないか、ということだった。不都合な真実が現れるのを恐れているのではないか。映画はこれまで感じたことのない発見を私にもたらした。

私はその頃、ボクシングに熱を入れていて、自宅のガレージで練習を行なっていた。いつものように汗を流していると、赤いフェラーリ・テスタロッサが派手なエンジン音を立ててやって来て、ガレージの入り口を塞ぐように止まった。何事かと訝しく思い、車の方を見やると、面相の悪い男が車の窓を下げるや私を睨めつけ「おまえ、〇〇か？」と兄の名を呼んだ。

「違います。私は弟です」。そう言うと男は「だったら兄貴に伝えておけ。あまり調子に乗んなって」と言い、爆音を響かせて去っていった。

私は『インディアン・ランナー』の結末を思い出して、身震いした。兄もまた映画と同様に、無軌道な行動の果てにもう戻って来れなくなるところまで行ってしまうのではないか。いったい何が彼を押しやり、捨て鉢にさせているのだろう。初めて兄に関心を持った。

「否定されることがその人の唯一の評価となれば、当然それを生きる上での信念にしてしまう」と先述した。「信念とは、生き延びるために養ってきたストーリー」に他ならない。これは兄にも当てはまる。

兄は両親の期待をことごとく裏切る存在として扱われていた。我が子であっても他人である。期待通りに育つわけがない。親が思い通りに息子を育てようとした結果、兄の個性は認められずじまいだった。おそらく彼が「愛されている」という感覚を味わったことは少ないだろう。母が異様に私を偏愛したため、彼はずっと飢餓感を味わっていたはずだ。

兄は母の死に目に立ち会うのを避けた。「あと三〇分で息をひきとります」と医師に宣告されたにもかかわらず、「親戚に連絡しなくては」と、ベッドに横たわる母を一瞥することもなく、三〇分で往復など叶わないことがわかっていて病院を後にした。臨終を見届けてからでも連絡は遅くない。あの時の兄の横顔が、私の中で引き攣《つ》れを起こす記憶として、いまなお残っている。

「我が子を愛さない親はいない」「本当は愛されていたんだよ」と兄を諭す人がいるかもしれない。だが、親が子供にそうあって欲しい姿を願うように、子供もまた親に期待する。どれほど親が心から愛していても、子供が「自分は望むような愛され方で親に愛してもらえなかった」と感じて過ごせば、愛に飢え続けて追い求める人生を選んでしまう。親も子も互いに身勝手なのだ。

飢餓感があったとしても、「私は愛されなかった。だから愛することがどういうことかわからない。それゆえ愛されることも拒む」と、態度が拒絶で一貫していれば問題はさほど起きない。しかし、実際は愛情を受け取ることを拒みながらも、どこかで求めてしまう。その矛盾が信念を育む。絶えず自らが「被害者」であり続けるところに立脚の地を確保しようとするのだ。それがこの社会を生き延びる上での前提になってしまう。

愛情が得られなかった。それゆえ傷ついた。こういう経験は嘘ではない。その人にとってはまぎれもない現実だ。けれども仮に同じことを体験しても解釈は人それぞれだ。その人にとって紛《まぎ》れもなく起きた事実であっても、あくまで「そう感じられるもの」であって、現実そのものとは言えない。私たちが現実と呼んでいるものは現実感に過ぎない。

「被害者であり続ける立場の確保」というストーリーを生み出すのは、「私は何も得られなかった。損なわれた」という自己憐憫だ。と同時に、決してそうした憐憫に浸る自分を許さない眼差しである。わずかでも自分を肯定するわけにはいかないのは、常に自分は否定されるにふさわしい存在であるからだ。だからこそ被害者であろうとし、自己憐憫に埋没する。そしてそんな自分を罰する。どうあっても自分を肯定するわけにはいかないという力動は、怒りに縁取られている。ここに葛藤の源泉がある。

怒りの根底には悲しみがあるだろう。「私は傷ついた」という悲しみと、「なぜそのような目に私だけが遭わねばならないのだ」という怒りを持続させること。それが生きる上での原動力となっているのならば、決して解決してはならないドラマが絶えず必要になる。そうして周囲ととり結ぶ関係は、愛されることを願いながら拒絶するという物語の再現に費やされるだろう。

自分が培ったストーリーなど手放してしまえばいい。確かにそうではあっても、一人一人の人生には、こだわらざるを得ない事情があり、だからこそそれは死角となって当人に自覚されない。胸底の奥深くにしまい込んで、見ないで済んでいる葛藤が、案外その人を衝き動かしているものだ。

真実を明らかにするのは怖い。いままで通り培ってきた信念に自らを委ねて生きるほうが安全だ。だから他人の振る舞いの瑕疵《かし》を暴くことには熱心でも、同様の情熱を己に向けることはしない。

しかし、信念に依存すればするほど、巧みに隠してきた悲しみはいよいよ募ってくる。朝目覚めた途端に「私」として意識されているものは、決して本当のことを言わないように演出された自己に過ぎないのかもしれない。それでも「私」は会社へ行ったり、友人とつつがなく話し、普通に社会を生きてしまえるだけの現実的な力を持ってしまっている。いまさら本当の自分として生き直すことなど恐ろしくて足がすくむ。

葛藤を克服して、まともな人間になりたいとしばしば思う。それが成功しさえすれば、人生は好転するのではないかと期待してしまう。

だが、心の内に起きることは複雑過ぎて、どこから手をつけていいかわからない。自分と向き合うと言ったところで、自分を憐れむか罰するか以外に知らなければ、何をどうすることが向き合うことになるのかよくわからない。

わからなければ、わかるところまで戻ってみるしかない。私の抱いた恐怖の原点は何だったのか。傷ついたこと。傷つくことを恐れ、それを回避する術を覚えたのはいつだったのか。傷つきやすさを武器にして生き延びてきたとすれば、それらがいかに私の習慣、価値観を生み出し、ストーリーを形成したのか。

私が最初に感じた恐怖は他者から与えられた。しかし、以降は自分の育んだ恐怖が私を恐れさせてきたのだ。

亡霊と光明

この世に生まれ、生きていくにつれ、私たちは「ただ生きる」だけではうまく生きていけないと知る。時間や経済、人間関係をやりくりする良識、社会制度を身につけなければ、社会を生き抜くことができないからだ。

様々な概念と馴染み深くなるにしたがい、世間で繰り広げられているゲームのルールを理解し、それぞれの場にふさわしい振る舞い方を学んでいく。

私たちが初めて出会う社会のモデルである家族においてもそうだ。おどけて親の機嫌をとったり、兄弟姉妹の顔色をうかがってパワーバランスをはかったりと、選びようのない環境を生き抜くために何らかの役割を演じる。持って生まれた気質の上にそれぞれの演じ方で人格を築き上げた挙句、長じてそれが生来のものであったかのように自身にも思えてしまう。

良くも悪くも私たちは何事も「習い性」にしてしまう柔軟さを備えている。それが生きのびるためのストーリーをなぞる生き方を自身に選ばせている。

だからと言って、ストーリーそれ自体が悪いわけではない。誰しもこれまでの歩みを振り返ると独自の足取りが見えてくるはずだ。平坦でもなければまっすぐでもない。道程は人それぞれだ。

生きてきた経緯がストーリーを紡いでいる。それは「同じ川に二度入ることはできない」ように、本来は繰り返しが効かない。ただし人間は記憶を頼りにすることで再現が可能と思うようになった。

だが、どれほど臍《ほぞ》を噛み、地団駄踏むようなことがあったとしても、過去を取り返すことは叶わない。それは頭ではわかっていても自責と後悔を覚えるまでに至った筋書きを延々と思い返しては、同じような体験を繰り返し、責めを負う状態でい続けようとする。

覚めない悪夢を見続けるような再現性という呪いをかけたのは他ならない自身であるのだが、その自覚を持たないまま己の境涯を嘆き、悔恨しつつ死んでいくことすら人間はしでかしてしまう。日々、常に新たな出来事が起きているはずの生がなぜ同じストーリーをなぞるドラマにすり替わるのか。

おそらく人間は快を繰り返すことのみならず、苦の反復すら生きる上でのスパイスにしてしまうのだろう。強烈な痛みと快楽とに弁別がつかないのは、刺激の強さにおいて両者が等しいからだ。それがために回帰のサイクルから離れられないのだろう。なんであれ人は同じパターンを繰り返す中に安定を見出す。たとえそれが安心をもたらすことはなかったとしてもだ。

「こんなはずではない」と思って日々を過ごしている人は多いだろう。変わりたい。だが変わりたくない。アクセルとブレーキを同時に踏み込むという葛藤から離れられない。そのストーリーを生きる以外に選択肢がないようにどうしても感じてしまい、恐怖のあまり新しい道を選ぶことを止めてしまう。

この苦しみの原因は何なのか。いったい自分は何者で何がしたいのか。新しい自分に変わらなければいけない。そう意を決した途端、私たちは「自分と向き合わなければいけない」と、道理のわかったような顔つきをして、自分に言い聞かせるようになる。

しかし、この「向き合う」という言葉が何を指すのかがわかっていないのだ。自分と向き合おうとすればするほど、己の前に自分が壁として立ちはだかる。自分の中の認めたくない、いなくなって欲しい「私」が強固になり、行く手を遮る。

当たり前だが、敵対する見知った顔は私と同じ力量の持ち主であり、しかもこちらの手の内をよく知っている。これまでの自分を捨て去ろうという克己心によって打ち砕こうとするたびに、かえって相手を勢いづかせ、その都度こちらは手痛く敗北する。

敗因は明らかだ。そもそも己に克ちたいという欲望が自分の弱さから目を背け、強くなろうとするさもしい魂胆から生まれているのだ。自分の中に偽りと嘘があるとわかりつつ変貌を誓っても成果は望めない。そういうやり方で自分と向き合い、問題を克服しようとすれば、かえって私は行き場のなさを感じる。果てはいったい何と向き合っていいのかわからなくなってくる。解決策を試みることですら、いっこうに希望の見えない同じことの繰り返しでしかなくなる。

自分を責めることに慣れていれば、「向き合い方の努力が足りない」と、きまじめにも思ってしまうだろう。だが、よく考えてみれば、いつまで経っても努力が実を結ばないのは、発端の認識が歪んでいるせいかもしれない。自分を対象化し、分析し、客観的に捉えて「誤ったことを際限なく繰り返すどうしようもない私」を入念にこしらえるところに根本的な過ちがあるのではないか。

「向き合う」とは相対することだ。自分の面前に他者がいれば、否応なくコミュニケーションが生まれる。いなかったことにはできない。仮に黙殺したとしても目の端にチラとでも映ったのであれば、すでに関係性は生じてしまっている。ましてそれが積年の懸案の解決を目指す相手であれば、対話するほかない。

たいていの場合、「克服」はそのように向き合おうとはしない。私にとって都合の良い「解決」をもうひとりの私に押し付けることはあっても、相手の言い分を聞くことにはまるでならない。

なぜか私たちは「相手の言い分を聞く」という、とても単純でいつでも始められることを怠ってしまう。見たくもなければ聞きたくもないことから目を背けさえすれば、いつか問題は解決するのだと思い込んでいる。

自分が苦しみ、手放せないと思っているストーリーは、他ならない自分が生み出している。苦の原因をもうひとりの自分に負わせ、痛みが消え去るのを願うのはフエアではない。

私が切り離したがるもうひとりの私。それは自らが生きてきた年数とともに育ててきた、私という名の他人である。それと私とは異なる相貌をしてはいても、不可分の人間である。その「他者性」は、私が周囲との関係の中で育んできたものだ。つまり、他者性とは、私の中に存在する「私として表現されている他者」である。それは父であり母であり兄の面影を宿している。

〈私の中に存在する「私として表現されている他者」〉とは、どういう姿形をしているのか。それを知りたくて三年前、父に二時間あまりインタビューした。これまで生きてきた中で父と会話した総計時間は二時間もないかもしれない。親密な時間をもったことのない間柄であったが、ごく単純に「聞きたいことがあるから時間をとって欲しい」と伝えたら、あっさりと承諾してくれた。

驚いたことは他にもあった。ひとつは素直に父が質問に答えてくれたことだ。拍子抜けした。答えるのを渋ったり、重々しい雰囲気に終始するのではないかというこちらの予想は大きく裏切られた。

これは葛藤と向き合う上でヒントになるのではないか。葛藤はアクセルとブレーキを同時に踏み込むようなものだと先述したが、それが可能なのは頭の中だけで完結しているからだ。実際に他者と関わるにあたっては必ず行動を伴う。しかも、その時には同時にふたつのことは行えない。父を前にして葛藤を持ち込んだところで、結局は「尋ねるか尋ねないか」しか選択肢はない。尋ねないように尋ねることはありえないのだ。おもしろいことに、ただ尋ねる、それだけを行ったとき、自分の前に立ちふさがっていると思えた「私として表現されている他者」が、ただ答えてくれるという現象が起きた。

私が聞いたのは「父にとっての母や子供の存在、つまりは家族とはどういう意味合いを持っていたのか」だった。父のストーリーを尋ねたわけだ。

私は「自分は被害者だ」というポジションからストーリーを作り上げていた。けれども、父の話を聞いていくうちに明らかになったのは、父もまた自身を「被害者だ」と思っていたことだった。彼にとって、私は親に理解を示さない「加害者」だった。

そして私にとって最大の発見は、父の人生にとって価値があったのは先立たれた妻であり、子供は重要なキャストではなかったとわかったことだ。

私は「怒られるのは自分が悪いからだ」と被害者の立ち位置から意味付けし、ストーリーを組み立ててきた。だが、父にしてみれば怒りにそう大した意味はなく、八つ当たりも含め単なる感情の発露でしかなかった。

話を聞くにつれ、葛藤の源にあった「誤ったことを際限なく繰り返すどうしようもない私」「私が切り離したがるもうひとりの私」は、こちらの勝手な思い込みによって生まれたもので、実際には足場を持たない幻想だったと気づいた。

家族としてひとつの事実を体験しながらも、それぞれに解釈が違うことを改めて知った。同じ時間を過ごしても異なるストーリーを生きているのだ。なまじ「同じ」と思うから、過度に期待し、依存し、「私は私である」ことに目が向かないのかもしれない。

それぞれが生き延びる戦略から編み出した切実なストーリーがある。単なる思い込みや幻想だと頭で理解することができても、そこから離れるのはなかなか容易ではない。私も完全に手放したわけではないが、以前に比べて距離をもってストーリーを眺められるようになった。

距離を保つとは、いわゆる客観的な態度で自分と向き合うことではない。仮に、そういう姿勢で臨めば「そうありたい私」という理想と、「直視したくない私」という現実との対立を生み出し、ひいては努力が実を結ばない関係性を作ってしまうだけだ。

むしろ「そうありたい私」と「直視したくない私」を分離させれば解決に至れると思い込み、客観的に振る舞いたがる自分に対して、距離を保つべきなのだ。自分とストーリー上の自分を切り分けて考えない。自分の中の他者性を否定しない。私とストーリーを生きたがる私は違うが、しかし、それもまた切実な自分自身であることを認め、包摂することだ。

「自分と向き合わなければいけない」という時の「自分」とは、厄介な自己であり、過去である。煩わしい過去を問題として扱おうとすると、必ずこれまでの所業を数え上げることになる。それが苦痛の再現というストーリーをなぞる力動をもたらすのではないか。

過去の己を問題として扱う限り解決は望めない。なぜなら過去は幽霊のようなものので実体がないからだ。私はいまを生きている。いまに生きている私と過去の私は別物だ。いまを生きている私にできるのは、解決ではなく、過去の己の成仏を祈ることではないか。

私にとって私は被害者であり加害者である。私は損ない、損なわれてきた。双方の立場として私は、私の話を存分に聞かなくてはならない。そうすることで初めて過去とつながり、一体化し、私として十全に生きられるようになるのではないか。

葛藤に悩まされるのは亡霊に取り憑かれているのと変わらない。重たい念を引きずった過去が現在の私を飲み込もうとする。その時、見失ってしまっているのは、過去が現在を刻々と浸すように、未来という未知もまた私に向けてやって来ているということだ。どちらを向くかは選択次第だ。

亡霊とはいえ、過去は既知ゆえに、それにすがれば一時の安心は得られる。と同時に自分が亡霊になることも意味する。未来には何が起きるか皆目見当がつかない。だから不安を覚える。しかし、一寸先は闇ではあっても、未だ来ないが確実に迫り来る方に一筋の光明を感じる。それを可能性と呼ぶのだとしたら、生まれて生きていくとは、常に光明に向けて歩んでいくことではないか。

第4章　脇道にそれる

問題を解決することから降りる

東京から北海道の浦河町までの都合六時間を椅子に座り続け、腰がすっかり固まってしまった。車外に出て伸びをする。初夏にもかかわらず風は冷涼で、海に近いせいか水分を含んだ空気が閑散とした町をほんの少し滲ませていた。

浦河町は一九六〇年の最盛期に約二万人を数えて以降、住民は減りつづけており、現在では往時の六割程度だ。過疎化は止まることなく、幹線道路を走り去る車はそれなりでも、人影はまばらで町はいたって静かだ。

しかし、年に一度、この辺りのホテルは国内外から訪れる人で満杯になり、にわかに盛況になるという。目当ては精神障害を抱えた当事者が幻聴や妄想を発表する「幻覚&幻聴妄想大会」だ。

医療現場では、患者の幻聴や妄想についての訴えを聞くのは、症状を促してしまうのでよくないこととされ、患者は発言を抑えこまれる傾向がある。ところが、この大会では幻聴、幻覚と妄想が満場の会衆を前に開陳され、最も切れ味がよく、大いに笑わせた内容が選考の結果、表彰される。

町を活気づかせる、類例を見ないこの催しを主宰しているのは社会福祉法人「浦河べてるの家」だ。ここは「精神障害」を抱えた人たちの地域活動拠点となっている。イベントだけでなく、地域の名産の日高昆布の直販を始めとした事業の年商は一億を超えるなど、経済効果を地元にもたらしてもいる。この日、私はべてるの家の定例となっている「金曜ミーティング」を見学すべく訪れた。

建物に一歩足を踏み入れると、まず目についたのは日高昆布の商品や梱包資材、文具、スリッパなどが所定の場所など初めからなかったかのような様子で置かれていたことだ。事業を説明してくれるスタッフは日々見慣れているせいか、特に気にしている様子はない。私を含む見学者の動線を邪魔する物があっても退かせることなく、むしろそれらの配置を崩すことなく身を引くようにして案内していた。

そこだけを取り上げれば、整理整頓がまるで行き届いていない無秩序な光景に見えるだろう。けれども貼られたポスターの位置や出入りする人たちの身なりのみならず、大きすぎたり、くぐもったりする声がまじりあっている空間に身を置くと、この場所の隅々にまで、絶妙なる雑然ぶりが行き渡っていることに気づく。「秩序がない」のではない。「整然としていない」色合いで一貫しているのだ。

部屋の壁には、べてるの家の理念がいくつも貼り出されている。「安心してサボれる職場づくり」「勝手に治すな自分の病気」というフレーズが目に入って、思わず吹き出した。「苦労を取り戻す」「昇る人生から降りる人生へ」を認める頃には、これから始まるミーティングは、困難の克服の法則を見出していくためのものではないと予告されているような心持ちになった。

見学者を含む三〇数人が、部屋に円形に並べられた椅子に座る。ミーティングで、参加メンバーはこの一週間の体調や気分、良かった点、苦労した点などをみんなの前で報告する。話をすることで自分の思いや考えを「伝えること」を学んでいくだけでなく、人の話を聞く練習にもなる。

こういった一連の取り組みによって、一人ひとりが自分の抱えている「弱さ」を開示するようになり、ひいては「弱さの情報公開」や「当事者研究」につながっていくという。

近年、医療界隈で耳にするようになった「当事者研究」とは、もともとべてるの家の活動から生まれ育ったエンパワメントの方法だ。

精神障害を抱えた人は、医療や専門家による支援のアプローチを受け入れるだけの存在ではない。当事者研究は、自身の生きづらさを仲間とともに研究し、自らを励まし、抱えている困難を活用していくツールと言える。薬を服用すれば問題が解決するわけではない。生きている限り付き合わざるを得ない「苦労」とどう手を携えればいいのか。べてるの家では解決の仕方を明示するのではなく、自分を助けるプロセスそのものを重視している。

ミーティングが始まると、発表者が話し、スタッフがホワイトボードに発表内容を書いていく。見学者は時にメモを取りながら熱心に聞き入っている。だが常連と思しきメンバーは集中して話を聞くというよりは、隣の人としゃべりながら、部屋を出たり入ったりしながら、後ろを向いてこの場に参加していないようなそぶりを見せながらと、「ながら」で話を聞いている。エンパワメントであるからには、「互いを励まし合う場」であるのは間違いない。そうであれば全員が真摯に耳を傾けるはずだというこちらの期待は、見事に外れた。

発表者がひとりずつ異なる研究テーマについて報告していくのだから、明確に始まりと終わりがあって、話題の区切りがあるはずだ。だが、どういうわけかそれぞれの報告が重なっていくような印象が拭いきれず、同時に複数の声を聞いている感覚に襲われる。それは、発表者の発言に皆が聞き入るというよりは、その他大勢が身じろぎしたり、しゃべったり電話の応対をするスタッフがいたりと、ノイズとして削除されるはずの音や声が絶えず耳に入り、発表者の発話を際立たせないせいかもしれない。

聞き入るというような緊張を強いない、のんべんだらりとして見える時間にわずかに緩急の切れ目を入れるのは、べてるの家の設立者である向谷地生良さんの「じゃあ、今度はそうしてみたらいいんじゃない」といったコメントだ。これを手掛かりに私は話の区切りや発表の主題を知っていく。

それにしても、私のそばに座った男性はひどく落ち着きがない。集中して話を聞けない一因はひょっとしたら、彼が部屋を出たり入ったりを繰り返しているせいかもしれなかった。体を小刻みに震わせ、額にうっすら汗を滲ませている。彼が報告する番になって、その理由をようやく理解した。

「僕の幻聴さんは毎日一〇リットルの水を飲むように言ってくるんです」と、男性は切々と自身の苦労について訴え始める。どうやら先ほどからトイレに何度も行っていたようだ。べてるの家では、幻聴は、さん付けで呼ばれている。幻聴さんを無碍《むげ》に拒絶し、否定するのではなく、その言い分に耳を傾けて、丁重に扱う。幻聴は、それに自分が支配されるか逃げるかする対象ではなく、関係をとり結ぶことのできる存在なのだ。

彼が発表している途中で男性がやって来て、私の対面の後列に座った。しばらくすると、彼は突然立ち上がり、椅子を振り上げ「どうしてオレの悪口ばかり言うんだ！」と、前に座る男性に向かって怒声を発した。怒鳴られた男性が何か言っていたようには見えなかった。

「爆発」した男性を見るや、はす向かいの女性が怯えて泣き出し、かと思うと、さらにそれを見てゲラゲラ笑い出す人も現れ、思わず「カオスだ」と呟いてしまったものの、怒り、泣き、笑うことのすべてが、話の進行を遮る場違いな態度として微塵も扱われていないことに気づいた。落ち着いた冷静な態度とも違うのだが、話を聞く人たちは、ともかく起きたことのすべてを受け止めているようだ。「またださ」と言ってほんの少しからかう調子や、「ちょっと、ほら」と椅子をおろさせる促しはあっても、彼を糾弾しはしない。この場がコントロール不能に陥るのではという懸念は見当違いのようで、こうした「爆発」は定例ミーティングの成り行きで生まれる、ちょっとした起伏に過ぎないものなのだろう。気分を変えるような気の利いたことを言う人もいない。あるべきミーティングの形に修正しようとする力がまるで働かない。

爆発した男性は、向谷地さんに宥《なだ》められ、別に悪口を言われたわけではないと理解し、落ち着きを取り戻した。遮られた報告がどのようにして仕切り直されるのだろうかと思っていると、今度は発表者に対して背を向けていた女性がくるりと振り返り、「あんた、自分のことが嫌いなんじゃないの?」とひとこと言い放ち、背を向けた。

まるで脈絡のない発言に思えた。だが、その言葉を聞いた彼はハッとした表情を見せ、「では、今度はそれについて研究してみたいと思います」と言い終えると、席に戻った。

予想だにしなかった展開に驚き、ひどく興奮した。この一連の流れに接して、べてるの家が理念とする「苦労を取り戻す」「昇る人生から降りる人生へ」「弱さの情報公開」の意味するところが腑に落ちた。大量の水を飲むように言ってくる「幻聴さん」を問題とするならば、事態は何ひとつ解決されていない。だが、そもそも「それをやめさせるにはどうしたらいいのか」について誰も話題にしていなかった。熱心に聞き入り、解決に向けて前向きに話し合う様式は最初から破られている。

私の目前で繰り広げられたのは、ノイズと飛躍だらけでありながら、一流サッカー選手の鮮やかなパスワークにも似た滑らかな「流れ」そのものでもあり、しかも決してゴールに向かってはいなかった。結果ではなく、ただ流れというプロセスがあった。

向谷地さんはこう言う。「どんなマイナスなことでも失敗したことでも、それを問題として捉え、解決に向かうのではなく、『それが私たちの中でどういう意味をもって用いられていくか』を大事にしています。なぜならマイナスも失敗もいろんな可能性をはらんでいるからです」

私たちは家庭や学校、職場と暮らしの中で「どのようにすればいいか」という発想で問題解決に向けた道を辿ることが正しいと繰り返し教えられてきた。膨大な繰り返しによって、言われたことは本当に正しいのか？　と自分で考えることもなく、問題解決こそが困難を克服する方法であり、人生を向上させるのだといつからか信じるようになった。それは実は可能性を狭める道筋ではなかったろうか。立ちはだかる壁を乗り越えたり、壊すことばかりを考えて、たとえば壁がどこまであるのか回り込んでみたり、落書きをしてみるといった新たな試みはまともに扱われず、そういう風に挑んでみようものなら、克己を放棄した態度は改めるべきだと注意されてきた。

爆発している人がいたり、無作法な人がいたりと、べてるの家は外部から見れば問題だらけだ。実際、地域の住人からは「なぜ問題を解決しないのか」「ああいう人は入院させるべきだ」といった声もあがるという。しかし、そういう「期待」には応えない。そのためべてるの家の活動はわかりにくい。わかりにくいのはなぜかといえば、向谷地さんの言葉を借りると「みんなの苦労がここで露出している」からだ。社会との狭間で軋みが生じるとき、常識は「社会に合わせろ」と努力を迫る。それは福祉や医療においても同様で、「昔は仕事ができなかったけれどできるようになった」「前は心身ともに不調だったのにいまは元気で働いている」といった、自己実現を可能にした「リカバリー」を評価する。

しかし、克服に向けた努力は、解決を求めることとひき替えに自身を見つめることから逃げている行為とも言い換えられるのではないか。苦労が露わになるとは、傷ついた自分の人生をちゃんと生きるということである。だからべてるの家では「この人は幻聴さんの専門家です」「この人はひとつの仕事をするのに三分続かない」など、露出した「みんなの苦労」を紹介する。そして重要なのは、ここで言う「みんな」には、実は「私たち」も含まれるということだ。

見学に訪れた人の中には怒ったり、落胆したりする人もいる。社会正義を追求している人にとっては、べてるの家の取り組みが不真面目に見える。「人は常に優しくないといけない」と思っている人は、誰かが研究発表している最中に大声を出すような人を許せない。こんなふうに、べてるの家では発表者もそれを聞く人も、自身の抱えている葛藤が明らかになってしまうのだ。

解決されることのない問題が日々勃発しているのは、健常者と言われている側も同じで、ただ、私たちは普段はそれを巧みに隠し、価値観の違いということにして他者に責任を転嫁している。病を自覚していないことにおいて、こちらの方が重篤であると言える。

べてるの家の理念のひとつに「べてるに来れば病気がでる」がある。これは精神障害という現行の医療制度で名付けられる状態が、症状として現れるという意味ではない。自他を理解し、受け入れることを阻害する究極の時に生じる、自らの内に現れる病を指す。

「自分のことが嫌いなんじゃないの?」という問いに、発表者の彼はハッと我に返った。

その表情に私が見てとったのは、問題を己の人生から切り離すことなく、それとともにしっかり生きようとする姿だった。健常でまともとされるような価値観から見たら、また、できないことをできるようにする克服を目指す生き方と比べたら、このあり方は弱くて脆《もろ》い。

だが、「できなかったことができるようになるのは、それはそれで大事。でも、できたことがいつかはできなくなる。できることだけで一喜一憂しない」と言う向谷地さんの言葉から感じるのは、生きる限り人生は続くのだという低く構えた姿勢である。これは問題解決よりも強い肯定の力を私たちの生に与えるのではないか。

リカバリーの成功物語がポジティブな影響を与えることもあるだろう。しかし、それは常に他人の評価にかなうストーリーだということも忘れるわけにはいかない。

おもしろいことに幻聴さんは当初は「バカ」「おまえなんか死んでしまえ」といった自己否定の言葉を投げつけても、当事者研究を続けていくうちに「こうした方がいいんじゃないか」とアドバイスをくれるようになるという。

「人の評価で自分の値踏みをする。これは現代病といっていいでしょうね。べてるの家に来た人は、他者評価から降りるという経験をします」と向谷地さんは言い、さらにこう続けた。

「成果をあげることにも価値はあるけれど、あがらないことにも価値があるのです。何かを行って結果としていいものが生まれるというよりも日々いいものがある。その時間の途中でいいものがあるのです」

「その時間の途中」とは、生きているということだろう。ゴールを達成して初めて何か良きものが獲得されるのではなく、足取りは弱くとも生きているということに「いいもの」が宿る。

「その場の中でいちばん頼りなくて、いちばん力がないと思われている人の一言が、ものすごく影響を与える」

自らと他人とを励ますのは、強くなろうとする行為にはなく、弱くて脆い自分を認め、その苦労をねぎらうところにあるのではないか。無力さに開き直ることなく、それを認める。これはとても勇気のいることだ。

私たちはただ生き、ただ死ぬという道を踏み外している

もとは畑の中を通っていた坂があるばかりであったが、近年の開発でにわかに住宅が増え、それに合わせて道は拡張され、行き交う車も増えつつある。

坂を登りきる手前で、突如広々とした敷地に出る。湾曲したコンクリートの壁に"SHOBU"という鈍い金色の文字が配されていて、通りすがりであれば美術館だと思う人がいてもおかしくはない。「障害者支援センター」という文言を認めなければ、ここが福祉施設だと気づかないかもしれない。

鹿児島市吉野町にある「しょうぶ学園」には門扉がない。緩い勾配と微妙に曲がった道とその脇に飛び石のように点在する樹々が、足を踏み入れたものを奥へと誘う。

広場に至ると、右手にはツリーハウスがあり、小川が流れ、柵の中にヒツジとロバがいる。私は壁一面にドット模様を配した建物に向けて歩みを進める。今日は、ここでしょうぶ学園のバンド「otto & orabu」の練習がある。

リズムを小気味良く刻み始めたドラムにしょうぶ学園の園長、福森伸さんは手を振って演奏を止めさせると「ズレて」と注文した。ドラムを担当する職員はつい癖が出てしまったと苦笑する。彼女にはバンド経験がある。

otto & orabuは、利用者の知的障害者と職員によるパーカッショングループ「otto」と、職員だけで編成されたヴォイスグループ「orabu」のことで、共にotto & orabuとして活動している。

この日、リハーサル室で行われていたのは、otto & orabuの公演に向けた曲づくりだ。職員らの持ち寄ったアイデアやその場で浮かんだイメージをもとに音を組み立てていく。

orabu＝〝おらぶ〟とは鹿児島弁で叫ぶを意味する。では、ottoはと言えば、音を表すらしいとわかるものの、〝t〟がひとつ多い。福森さんはその訳をこう説明する。

「僕らの音は、オットとかオットトだとか、ちょっとずれた、余計なものがひとつ入った感じだから」

otto のメンバーの多くは音階がわからない。指揮をする福森さんにしても楽譜は読めない。「余計」とは、彼らの奏でる音が偶然性と不揃いに満ちている状態を指すからだろう。ただズレているだけではランダム過ぎて聞くに堪えない。かといって発表会にありがちな曲目をやろうとすれば、たんに下手な演奏にしかならない。

「障害者主体の音楽発表会では、下手なのに涙を流して拍手する人がいます。センチなメロディーをがんばって弾く姿に涙しているだけで、音楽に感動しているわけではないいんです」

比べて福森さんの狙う音は、「誰も泣かないし怖くなるようなヤバい音」だ。それは作曲者によって考えられた音を全員が練習し、技術を磨いた上で演奏できるようなものではない。そもそもそういうことを otto のメンバーはできない。

けれどもメンバーは太鼓や竹琴を叩くことはできる。福森のときおりそれぞれの目を覗きこむような迫り方を伴う身振り手振りから、打つべきときを自ずと知り、そしてただ打つ。しかもひどく楽しそうに。

打つという原始的な行為には、正確に打つ必要も打ち方を向上させる努力も必要ない。メンバーは「ただ打つ」に徹することが最初からできる。

そんなことは簡単だと思えるだろう。だが健常者には難しい。正しい演奏の仕方があるとどこかで思っており、いざとなると想定した通りに行おうとするから作為的になり、緊張し、自然とただ行うことができなくなるからだ。だから、努めてがんばるのだが、それでは技を凝らすことはできても「ただ行う」ことから離れていく。

音づくりはどこかで聴いたリズミカルさに安易に「合わせる」のではなく、ズレることにまず配慮する。無意識のうちに描かれた調和に揃えようとするとき、メンバーの「ただ行う」という没頭は、秩序を乱すノイズでしかなくなるからだ。

「自分のできる最大限の力を出す。それが必ずしも音楽的でない場合もあるけれど、そこには違う意味でのおもしろさがあります」

その結果、otto & orabu の奏でる音がアパレルメーカーのコマーシャルに採用された。

「それは社会的評価を得られたということだけど、その大本には彼らのズレがあって、それなしにはおもしろいことはできない。だけど、僕らなしにも音は成り立たない。お互いどちらかだけではインパクトが足りない。そこがおもしろい」

彼らの「ただ打つ」という一打が滑らかにズレ続けるよう、健常者が流れを遮らない程度に音を構成するとき、全体としてハーモニーが生まれる。福森さんのいう「おもしろさ」は、しょうぶ学園を貫く発想そのものに見える。

発想の原点は当人には定かではない。一九七三年、両親がしょうぶ学園を創立するも福祉に特に関心をもった記憶はない。ただ「障害者」と触れ合う機会は多かった。

福森さんは少年期をこう描写する。「何も考えていない、ただのヤンキーでした」。その言葉通り、高校では何度か停学になったこともある。高校卒業後、日本体育大学に進学。卒業と同時にアメリカを一年放浪し、帰国後は東京で飲食店やゴルフ場でのキャディーなどアルバイト暮らしを続けた。

「何かしないといけないなと思っていたけれど、何の能力ももっていない。だから将来は〝親の仕事を継ぐんだろう〟程度のことしか考えていなかった」

一九八三年、二四歳で鹿児島に帰郷。特別やりたいことは見つからなかったが、ものをつくるのは昔から好きだった。そこで当時のしょうぶ学園には園芸や竹細工の下請けをしていたものの木工部門がなかったことに目をつけ、「じゃあそれをやろう」と本を漁り、独学で学び始めた。鉛筆立てや本棚づくりから始めた木工は、やがてデパートの商品の下を覗きこんで構造を見て取り、本格的な家具に挑むようになる。下請けではなく「工房しょうぶという名前で売るような、アトリエとしてのプライドを持とう」と思うようになった。

仕事は、施設を利用しているふたりの利用者との共同作業であり、しょうぶ学園の活動の一環であったものの、福祉の仕事をしているつもりはなく、「いずれ木工家として独立したい」と考えていた。

転機は民藝への関心の芽生えとともに訪れた。木工家の池田三四郎に会うため、長野県の松本へ赴いたのだが、曰く「そのときの自分にはよくわからないことを話された」。

池田はこう言った。「大事なことは、何かをやらせようとするのではなく、その人のやりたいことに寄り添うことだ」。そして、木工の素人である学校教師の作ったいびつな椅子を例にとり、「これはいい。心が通っている」と高く評価した。

民藝とは用の美、つまり暮らしから離れない美の追求にあるが、池田が語ったことは、用の美のありかは作為を離れた時に自然に宿るものであり、それは技巧とは異なる次元にあるのだと示唆するような内容だった。二四歳の若者には、その言わんとするところはわからなかった。だが、このわからなさは重要だということだけはわかった。

その頃のしょうぶ学園は技術の向上という目的に「障害者」を添わせていた。できないことをできるようになるのが良いことだと思っていた。テーブルや椅子をつくるには、木をまっすぐに切り、平らに削りといった工程が必要になる。

しかし、挨拶のやりとりができるくらいの重度の自閉症を抱えた人たちは、平面や直線といった、決まりきった形に仕上げることができない。そもそも「それをしなくてはならない」意味を理解できない。そこで当時のしょうぶ学園に限らず、今なお通常の福祉施設で行われるのが指導や訓練だ。

「少しでもできると〝よくできた〟と誉める。でも、本人はそれで嬉しいわけでもない。そして、〝障害者が懸命につくったから〟と直接的ではなくてもそこに価値を見出して欲しいと買ってもらうよう訴えるわけです。でも懸命につくったことと作品のクオリティは別の話です」

できるように訓練してもできるようにはならない。しかし、できないままでは技術は向上せず、売れるだけの製品にはならない。「能力の低い人に無理をさせても誰もハッピーにはならない」。葛藤は一〇年あまり続いた。

一九九五年のある日、刺繍などの部門「ｎｕｉプロジェクト」を手がける妻の順子さんがこう切り出した。「これ以上教えて何とかしようというのは違うと思う。やりたがっていない人に無理させないほうがいい」。そして傍らに転がっている布の塊を取り上げ、「でも、これっておもしろいと思わない？」と尋ねた。それは本来なら刺繍すべき布を丸まるまで固く縫い上げたものだった。商品にはならないけれどもなんとなく「おもしろい」と感じてしまうものだった。

ちょうど福森さんが担当していた木工でも、材料として渡した木材を木屑にするまで彫る人がいた。「皿をつくろう」と言っているのに決してそうならない。「そのとき〝どちらの行為もなんか似ている〟と感じたわけです。縫うこと彫ることがただ好き。それ以外のゴールがない」

ひたすら縫う、彫るといった労働からはみ出た、個人的な行為を止めさせ、「商品をつくる」という目的に従わせようとすると利用者は不満気な表情をする。あるいは作業をしようとしない。しかし、ただ好きなことをしているとき、幸せそうに没頭していた。

「縫う、彫るだけが楽しいならば、その行為に注目し、反応したほうがいいのではないか。何かを強いることなく寄り添うことが僕らにとってもいちばん仕事がやりやすいのだから」。池田三四郎の言葉の示すところがおぼろげに見えてきた。

規格品を作れるような能力を習得することが「良い」ことだと思われているのは、他人と同じことのできる力を社会が重用しているからだ。こうした力はあくまでも人に備わった能力の一部でしかない。

「彼らを見て気づいたのは、それぞれのやり方で才能を発揮することはあっても、誰も互いの真似をしないし、比較に興味がないこと。だけど僕らは真似をする。真似て同じことをすると優劣がつく。そこで少しでも他人によく見られたいという思いも出てくる」

工房には、木を傷つけることを喜んで行う人がいる。商品に結びつかない、社会的に意味を持たない非生産的な振る舞いだ。それゆえ「健常者のような労働ができない」という評価を下されはしても才能などと到底思われない。「僕らの社会はそうした〝非社会的行動〟をとにかく削除してしまう。でも、それで後に残るのは何かと言ったら常識だけでしょう？」

傷つけることが得意ならば否定するのではなく、それを仕事にすればいい。そう考えた結果、職員たちと共にアイデアを出し合い、傷ついた板に枠を設けて盆にした。すると人気の製品となった。

さらには木を傷つけたり、紙をちぎったりするような行為を加工せずに展示すると、いつしかアートと呼ばれるようになった。

「こんなにも美しいものがストレートにつくれるのか」と衝撃を受け、しょうぶ学園で働くことを決意した職員もいる。驚愕を体験した作り手たちは努力も熟達もしなかった。他者の才能に嫉妬したり顔色をうかがい、自分の方向を定める魂胆もないので、行為がただちにアートになる。健常者が当たり前のように抱いている、向上と熟達なしに人生も自己実現も始まらない、という常識とまるで異なっている。

それは私たちとは異なる能力が発達しているから。あるいはアートだから成立することで労働にはあてはまらない。努力や向上する精神があってこそ能力は養われる。そんな言い訳を述べる前に冷静に考えてみたい。私たちは息をすることも歩くことも、誰にも教わらずに自得した。それは努力や熟達抜きに始まった能力の開花だったはずだ。

そう思うと、なぜ私たちは現にいま自分がやりたいことやできることを無視してまで、他者との優劣を測り、差をわざわざ見出した上でそれを埋めたがるのか。ひとりとして同じ人間などいないのだから、誰かのようになりたくてもそもそもなれはしないのに。福森さんは言う。「健常者は他人に感化されてしまいますが、それはひとつの障害と言えるんじゃないでしょうか。他人からの感化を受けさせようとするのが教育だとしたら奇妙な話です」

他人との比較ではなく自らの能力を最大限に発揮するとき、労働ではなくアートが始まる。しょうぶ学園の例を見ると、それは「障害者」だけに限った話ではなさそうだ。

職員の多くは異業種からの転職で、しかも入所してから業務の一環として、学園で使う家具等の制作を学ぶ。三年もあればインテリアショップで販売しているような家具が誰しもつくれるようになる。

また、園内で営業している蕎麦屋へ異動を命じられた職員もいる。蕎麦を打った経験はないが、開店前の半年の練習で玄人はだしの腕前となり、いまでは地域の評判を呼ぶ店となっている。自身も知らなかった能力の萌芽がそこかしこに見られる。だが何かを作った結果だけが重要なのではない。それをもたらした可能性の爆発をこそアートワークと言うのではないか。

「誰しも才能を持っているんです。ただ開花させるチャンスに恵まれないから自立しないだけ。才能を開花させていくのが僕の仕事です」

たんに働く、暮らしているだけでは自立とは言えない。自己実現に向かっている状態、もしくはそこに向かう環境があるかどうかを問うているようだ。

ここでいう自己実現とは既にある職業名に沿って自分の人生を構築するような、既成の価値観に自らを当てはめ何かを実現しようとすることではない。

自己実現とは思いもよらぬ自分の姿を知っていくことではないか。それには他人の思惑や常識から自分を見積もるのではなく、まず自己満足が欠かせない。誰とも取替えの効かない自らの固有性に着目しない限り、自分の人生は始まらない。

「〝どうせ自己満足だろ〟という言い方があるけれど、どうせじゃない。自己満足ありきで、次に他者はどう思うかが大事。他者に評価されてから自己満足を得ようとするような逆向きをみんな普通にしている」

話を聞いていると、ノーマライゼーションという発想が奇妙に思えてくる。ノーマライゼーション（Normalization）とは、健常者で構成された社会から障害者を排除するのではなく受け入れ、健常者と同じように普通の生活を送れるよう努めるという考えだ。非の打ち所のない理念に思えるかもしれない。だが、「健常者と同じように」が健常者並みの生活を要求された途端、健常者にとっての普通さが障害者に強いられることになる。すでに就労において問題は浮上している。

厚生労働省は成長力底上げ戦略の一環として、障害者の就労支援対策を積極的に行っている。経済活動を担うことで自立する。そういう参画がノーマライゼーションのひとつだというわけで、「ペットボトルを一日一〇〇個潰して五円」といった賃労働を促している。「それに対して〝がんばったね〟と評価するわけです。そうではなく〝それで幸福になりましたか？〟という話をして欲しい」

何かができるようになったことではなく、それをすることが幸せなのか？　という自己満足への問いかけは、健常者と障害者の別なく、現状の働き方で最も欠落していることだろう。

「障害者も社会の一員だ。働いて自立に向けて努力するのは当然ではないか」。そう考えるむきにすれば、戯言に聞こえるかもしれない。

だが、この一見何も問題ない「働いて自立に向けて努力する」のノーマルさに苛まれているのが、現状の私たちだ。

やりたくもないことをやるのが労働であり、人生なのだと己に命じても、身体はそれを拒否している例には事欠かない。その葛藤が鬱や多数の自殺者、他罰的に振る舞うことを当然とする言説の横行というストレスフルな現象を招き、喜びの一欠片もない晴れ渡らない光景を社会にもたらしている。福森さんは言う。

「健常者がノーマルではないかもしれないのに、それに障害者を合わせていたら、ノーマライゼーションは、僕らの当たり前に彼らを合わせることでしかない」

世の中に「しなければならないこと」が溢れている。「お金を稼ぐために」「不況だから」「上司が命じたから」とやりたくないことを我慢するのが生きることだと思いなしたとき、他人の欲望に従って自分を規定することになる。それは、およそ自立とは程遠い精神だ。

なぜならば独自に考えるという個人的な行為を消去し、自分の人生に責任を負うことを放棄しているからだ。

「障害者は社会の成員だけど、ちょっとアウトサイド寄り。そこは人間のリアルさ、自然さが見え隠れするところで、インサイドだけが社会だと思っていたらあまり見えてこない。けれども、そこに人間の魅力がある」

人間の魅力とは生命の魅力である。私たちは社会によって生み出されたのではなく、社会の外からやって来た。生きることの意味は社会的な価値に還元されることはない。しょうぶ学園の試みは、私たちが直視することを避けている「人の能力とは?」「生きるとは何か?」を鋭く問うている。

ケアと経済とアート

二〇一五年の末に、鳥取で一ヶ月あまり暮らしたのをきっかけに、たびたびこの地を訪ねている。最初は、知らない土地にしばらく滞在して原稿を書くということがしたいだけだった。その名目を達せられればどこでも良かったので、たまさか知人の「鳥取はいいところだよ」という声に背中を押された。

鳥取駅に着くと、傘をさしたものかどうか迷う糠雨《ぬかあめ》が降っていた。冬の日本海側は雨が多いとは知っていたため、出迎えてくれた人に「ここしばらくは雨なのですか？」と尋ねると、「この辺りはずっとこんな感じです」と言う。なにやら鳥取が、「マコンド」のような架空の町に思えた。

陰鬱な鈍色の空に加えて、あまりにもひっそり閑《かん》とした街に驚いた。行き交う人が息をしているのかどうかも危ぶまれる。観光客はいるにはいる。がしかし、砂丘と梨と妖怪とコナンを推しても、観光消費額は全国でも下位を争っている。

人口五九万人と日本で最も人口が少なく、その上、六五歳以上が約三割を占めている。しかも二〇四〇年には「消滅可能性都市」が一三町発生すると予想されている。また内閣府の調べによると、県内総生産は全国最下位、県民平均所得は二三三万円といった具合だ。数字を通して鳥取を見ると、魅力は乏しく先行きも暗い。

そうなるとシャッターを閉じた商店の連なりのあいまに営業する店ですら青息吐息に見えてしまう。ともかく活況な都市を見慣れている目には、歯止めのかからない衰退に身を任せているだけにも思え、傷ましさを感じるとともに、この鳥取の姿は人口減と高齢化を前に無策のままでいる日本の将来の姿ではないかと気づくとき、薄ら寒い思いをした。

ちょうどその頃、テレビのバラエティ番組で鳥取にはスターバックスがないことを「鳥取問題」と称して何度か取り上げており、都会に比べて人やモノ、情報、お金が「ない」ことからくるギャップをおもしろおかしく伝えていた。

私が訪れたときにはスターバックスは出店していたものの、公共交通機関の乏しさ、駅の改札が自動化されていない、エスカレーターの速度が尋常ではないくらい遅い等々、都会にあって鳥取には「ない」ことがまず目についた。活気がない。人がいない。仕事がない。これらは鳥取に限った話ではないものの、人口も最少とあっては、「ない」ことのもたらす影響は他県よりは深刻であろうということが街の様相からうかがわれた。

当初は至る所に鳥取の「ない」に目を向けていた。というのは、自分が普段の暮らしで当たり前としていた生活習慣の大半は、断念せざるをえないからだ。移動するにもアクセスが悪い。東急ハンズがあればお気に入りの石鹸がすぐ手に入るのに近くにない。こんなふうに、モノや情報を通じて鳥取を捉えてしまえば、欠落しか見出せない。

すぐに移動できる。すぐに買える。そうした都市との速度感の違いは、たちまち不便で不自由として片付けられてしまう。そして、「経済規模が小さいからだ」「疲弊しているせいだ」といった言い回しで、ここでの暮らしを括ってしまうことに躊躇いを覚えなくなる。モノに気を取られはしても、徹底して欠いていたのはここで暮らす人への注目だった。

一ヶ月あまり滞在したのは、駅から近い「ことめや」という元遊郭を利用したコワーキングスペースだった。ここはアーティストが一定期間滞在し、制作を行う「アーティスト・イン・レジデンス」も行っていた。この物件を借り上げたのは県立博物館の学芸員のAさんで、彼女はことめやでの活動の他にも洋館風の廃院を利用したアートプロジェクトを企画していた。こうした試みを、「空き家のセルフリノベーション促進」「空間を共有できる場づくり」を通じた地域おこしといった言い方で形容することはできるだろう。

こういうことに興味を持っている人も出入りしているのだが、ことさらリノベーションやソーシャルビジネスといった言葉を使って専門的に話すことはない。語られる事柄は、あくまでただ鳥取をおもしろくする、あるいはおもしろがる人たちの話である。聞く側の私が、概念化したり要約して理解したりしようものなら、たちまちおもしろさが半減してしまう気がした。

というのも、「あそこのベーグルは美味しいですよ」「街中にある銭湯は源泉かけ流しだから、おすすめ」というガイドマップに載っていそうな情報であっても、そこに何かが折りたたまれているとしか思えない経験を何度か重ねたからだ。

話を聞いた翌日、件《くだん》のベーグルを食べに行ったところ、これまで食べたことがないくらい美味しかったし、銭湯も四〇〇円でこんなすばらしい湯に浸かれるなんて！　と感激した。どうということのないお得情報でも、街の息遣いを拾い上げるような声が潜んでいるように聞こえる。ベーグルが美味しいという情報の背景には、それを作っている人の接客の際の受け答えや、川を望めるロケーションがあった。銭湯の番台のおばちゃんのキャラクターとか、癖の強い客がいるといった、足を運んでみて初めて知り得るディテールが、ひとつの情報に織り込まれている。そうなると「何を言っているか」も大事だが、それ以上に「誰がそれを言っているか」が、町の実状を知る鍵になる。情報には必ず根が生えていて、それを語る人の物の見方がきちんと織り込まれている。

ここでの「誰が」というのは、「閑古鳥の鳴く商店街」と、迂闊にものっぺりと捉えてしまうような風景に、特有のマッピングを施せる人だ。そういう人と直接会わない限り、知り得ない世界があることに気づいた。

街の一角に「なぜこんなところにあるの？」と思うようなセクシーで高そうなランジェリーを売る店があった。国道沿いの路面店は二面がガラス張りで店内に人がいるかどうかは一目瞭然だ。客の姿を見かけたことは、二、三回あったきりだ。けれども店主に話を聞いた人によれば、ちゃんと顧客はついているし、女性に限らず男性も買いに来るという。妻や恋人へのプレゼントだけではなく、自身のために買う人も中にはいるのだそうだ。私の目には、店が成り立つのだろうかというほどの客の数ではあっても、ちゃんとその店で買う人が一定数いる。街の規模からいって多様な趣味趣向を満たす場は少ないのだろうが、そのショップはきれいな下着を身につけたいと思う男性の希求を叶える場にもなっていた。客が少ないというのは見せかけであり、実はその店はカラクリ仕掛けで隠し扉を開けるとたくさんの客で賑わっているような、そんな様子を想像してしまった。

その場に足を運び、人間関係に入り込んで見聞きしないとわからないことがある。この至極当たり前の事実を突きつけられた私は、ランジェリーショップの話を聞いた翌日、人に勧められた建築家のトークイベントに行った。建築家の手がけるリノベーションは、おしゃれを演出するものではなかった。目新しいテナントに仕上げて利益を上げるビジネスでもなければ、昨今話題のリノベ物件による町おこしに直接向かう仕事でもなかった。「街の記憶」に注目し、街を耕す感覚で仕事を行っていた。

かつてそのビルが建てられた時代は、祭日となれば人出は増え、街は賑わっていた。「かつて」を取り戻すことはできない。ただ、そのときを記憶している人たちがまだ生きている。その記憶をないがしろにせず、建物に塗り込められた「かつて」とつながるような改修を行ったとき、客が現金を落としたくなるような店にはただちにならないかもしれないが、なんとなく立ち寄りたくなる動きを作るのではないか。そのデザインには過去を活かした上でこれからを作り、再び人の思いが集い、流れが生まれるような空間になり得るのかもしれない、という願いが込められている。

こうした試みはわかりやすい結果や数値になりようがないし、まっとうとされるビジネスモデルからすれば、エネルギーを注ぐべきところではないかもしれない。

お金儲けに疎《うと》い身であっても、「ビジネスモデル」という言葉が幅を利かせており、それを具体的かつ明確にしておかないことには、この時世で生き残ることはできない。要は十分に稼ぐことができないと知っている。

しかし、建築家の仕事から窺えるのは、大きなお金ではなく、ちゃんと暮らしていけるだけの経済が回っていれば、ともかく死ぬことはないという至極まっとうな事実である。その経済のあり方は「県内総生産」や「県民所得」を向上させればいいという人には見えてこないのではないか。具体的に所得が上がらないと幸福や満足につながらないし、そういう意味では数字に反映されなければ経済ではない。「夢のような話をしても仕方ない。現実は厳しい。ビジネスマインドを持たなければ」という指摘もあるだろう。

けれども、従来のやり方でがんばり続けた末に疲労困憊している人は、あまりにも多い。ひたすら稼ぐ努力をし、経済的成功をゴールにしては、生きている間に幸福も満足も得られずに、飢餓感をひたすら味わうだけの人生と同義ではないだろうか。

ランジェリーショップの目に見えない賑わい、そして建築家の語っていた町のビジョンを思い出す。人が少ないからといって、寂れているとは限らない。人が現にここで生きていること。暮らしていること。その事実がすでに経済であり、それを見過ごしていたのではないか。

とはいえ、これはあくまで見立てであって、実情とは違う私の妄想の中の鳥取でしかないのだが、一度そういう目で町を見た途端、シャッター商店街の風景を寂れた場所とは単純に受け取れなくなってしまった。解像度が高まったとも言えるし、偏見が強まったとも言えるが、強度のある妄想が現実を構成するのだし、それを可能性というのだという思いを捨てきれない。そんなことを考えていたら、この見立てはあながち間違っていないと思える人物と出会ってしまった。

ゲストハウス「たみ」を経営している蛇谷りえさんは、三宅航太郎さんとともに「うかぶＬＬＣ」という会社を共同運営している。たみは鳥取駅から電車で一時間ほど離れた湯梨浜にある。駅前には寂れたとしか見えない土産物屋と「いったい誰が買いに来るだろう」というような商店や喫茶店があるばかりで、山陰初のゲストハウスをなぜこのようなひなびた町につくったのか？　と疑問に思った。だが、その問いは、陸続と各地から旅客がやって来る事実によって反駁されている。

旅人は何に魅せられてたみに来るのか。たみは撮影禁止で取材も受けないため、ＳＮＳにはほとんど情報が載っていない。ただ、うかぶＬＬＣの掲げる、社としての三つの方針を読むと、何となく持ち味や向かう先が想像できる。

・あたらしい風景を自由に見るための土台であり、舟である

・個人の持つ可能性を拡張することで、社会をいかに生きるか探求する場所である
・留まることなく、常に変化しつづける時間である

これらからわかるのは、私たちの思い描く「社会」や「経済」「仕事」が、日々の暮らしの中で味わうこと、その手応えから必ずしも作り上げられてはいないということだ。他人の物差しや世間のイメージとの照らし合わせで考え、形作ろうとしており、しかも、それを疑うことすらしなくなっている。一度たりとも「社会とはどこからどこまでを言うのか」「経済とは?」「働くとは?」と問うたこともなく、特定の価値観を信じ、お金を稼ぐために生きるとしたら、それは生きるに価するのか。

蛇谷さんは元々グラフィックデザインを手がけ、アートプロジェクトの企画に携わっていた。三宅さんも元はアーティストだ。アートの可能性を体感する経験があったから三つの方針を掲げたのだろう。ひょっとしたら厳密にビジネスとアートを区分していないのかもしれないし、鳥取には独特の経済活動が成立する土壌があるのかもしれない。そう思ったのは、湯梨浜に越して一年くらいは現金が登場する機

会がほとんどなかったというエピソードを彼女から聞いたからだ。

「『家でたくさんつくりすぎたからこれあげる』とおかずを差し入れてくれたりとかいっぱいモノをくれるんです。何か返さないといけないんですけど、それがお金じゃないのはわかる。何を返したらいいんやろとモタモタしてたら、次々に差し入れがあるから、借りているものがどんどん貯まっていくわけです。ミカンでもお返ししようと出かけて行くと、お菓子とかお茶を出されて店の中でしゃべる。そして、また『これ余りもんやからどうぞ』と言われる。さすがにお金を払おうとすると、『いらんよ』と言われる。そうやってお金が登場しない期間が一年くらい続いたんです」

地元の「おばちゃん」は商店を実質切り盛りしている存在で、彼女たちは「横のつながりを大事にすること」に長けているという。

「それぞれ家族も家庭の背景も違うから、『あの人はこういう価値観でやっているからこの辺で関わってもらおう』みたいな配慮も完璧」

蛇谷さんの話からわかるのは、お金のやり取りだけではなく、そのようなコミュニケーションの取り方によって町が成り立っていることで、それも含めた経済なのだということだ。

「湯梨浜町に来て三ヶ月目くらいのとき、仕出屋でバイトをしていました。外から見たら動きがないような店に見えても、山の方である法事に弁当を配達するとか旅館の団体客用の仕出しから個人宅の催事まで忙しい。ちなみに町には仕出屋が三つあるんですけど、祭りの最中は『今日はこっちの店で打ち上げしよ』みたいに町の人が交互に使っています。打ち上げで飲むお酒は町の酒屋で買うから一瞬、めちゃ売上が上がることになって、何せ町の中でお金が回っています」

常に人が出入りしていないと商売として成り立たないのでは、と思い込んでいた。しかし、町は「ガラガラではあるけれど、かといって寂れてもいない。けっこう呼吸しているなという感じは伝わってくる」と蛇谷さんは言う。何も動きがないように見えても水面下でお金が動いており、それが「潤い」をもたらしていた。潤いとは利殖を必ずしも意味しない。

「潤いとは暮らしができているという意味です。『暮らしていける』っていいなと思いません？　『大きくしたい』ではなく、暮らしていきたいだけなんですよ。私は町と町の人に関わりはしても、それ以上の町づくりにあまり関心ないんです。だって町づくりって他人のことだし、自分の外側のこと。まずは自分のことからで、だからたみを運営することで居心地よく暮らしていきたい。同じようなことを魚屋、酒屋でやっている人がいる。そういう人が町に集まっていて、それぞれが家族を食べさせている。そう思うと、何だかすごいですよね」

右肩上がりが望めないならば、せめて現状維持をと、何《いず》れにしてもグラフの直線で経済活動を捉えてしまうとしたら、それは、「暮らしていける」ことをないがしろにしているのかもしれない。「留まることなく、常に変化しつづける時間である」とは、生まれて死ぬまでのあいだの「生きていくこと」そのものだ。それをさし置いてまでこだわらなくてはいけないものがあるだろうか。

蛇谷さんは「利益を生むよりも循環させること」を念頭に置いているという。それをソーシャルビジネスや生業《なりわい》とわざわざ呼ばずにやっている。彼女の暮らしの中で紡がれた「おばちゃん」たちとの関係はいつも穏やかで快適なわけではないだろうし、人からすれば「しがらみ」に見えることもあるだろう。

けれども、その土地を離れないで生きていくという関係の中では、「横のつながりを大事にする」という配慮が不断に行われている。

もしかしたら、それはケアに近いのかもしれない。人の話をよく聞き、その人の思うところを捉え、互いに生きやすいように工夫する。その行いのサイクルの中で彼女の事業もまた動いているのだとしたら、それはすなわち、ケアと経済とアートの融合と言えるのではないか。ひょっとしたら鳥取は日本の中で最先端を走っているのかもしれない。

還れる場所があること、閉じることのできる強さ

町おこしや町づくりという言葉をよく耳にするようになっている。人口の東京一極集中がますます進む中、都心の住人に地方への移住を促す宣伝に熱が入るのはわかるが、食べ物に温泉、自然といったものをどこも売りにしており、価値の均一化が強まっているように感じる。

たとえば「東京で手に入るバゲットと同じようなものが、古民家をリノベしたパン屋で食べられる」「一見何もなさそうな田舎なのにおしゃれなカフェがある」といった情報は、丁寧な暮らしや都市のライフスタイルを田舎に心置きなく持ち込めることを保証してくれる。客観的に通用するデザインや都市の機能というものがあって、それを街や店に施すのが価値あることだと思い込んでいる節がある。だが、

実のところそれはスケールの小さい比較の中で正解を求めることでしかない。少し俯瞰してみれば、東京はもはや東アジアにおいてローカルな都市に過ぎず、目指すべきデザインも、上海から来た人からすると一昔前の赴きだ。ビルや車、町の佇いは「昔懐かしい感じがする」という感想を述べられてしまう場所になっている。

このような比量を続けたところで、私にとってはあまり意味がない。無いものねだりをした挙句、「ありえたかもしれない暮らし」を思い描けはしても、日々自分の眼前にある生活とはまるでつながりがないからだ。

主観まみれの私とは関係のない、正解じみた「客観的な見方」がどこかにあって、それを手に入れれば晴れ渡る風景が一望できるのだとつい想定してしまう。だが、本来の客観とは、向こう側にある対象と自分との関係を捉えた上でものを考えるということだ。常に物事と自身との関わりへの考察を必要とする。

自身の考えや体験を放棄せず、自分のこだわりに満ちた主観をくぐり抜けた先に現れるものが、客観と言えるのではないか。

様々な都市を巡り、そこで根を張って生きる人たちと出会ううちに、ローカルであることに遅れを見出すような、ジャッジに巧みな視点を磨くことは、踏ん張りの効かない足腰の弱さをいたずらに増すのではないかと思うようになった。これは田舎礼賛ではない。自らが依って立つところがないからこそ、もの珍しさに対し己の選抜の目を通さずになびいてしまうといった、弱さについて述べているだけだ。

私がここで言う「足腰」とは、たとえばこういうものだ。日々を暮らす上での姿勢や物事の捉え方を、流行やネット検索で知り得た情報と参照せず、また自らの思うところを特に主張することなく淡々と過ごす。そうした立ち返るべきところがある生活は人の考えや生き方、暮らしの足腰、つまり要《かなめ》を育てるのだ。

そう確信するようになったのは、川口淳平さんに出会ったからだ。

川口さんは、鳥取の米子で革細工の店を経営する傍ら、江戸末期から続く松江の伝統工芸「籐細工」の技術を受け継ぎ、作品を作り続けている。

籐細工は、もともとは松江藩料理方だった長崎仲蔵が江戸の松江藩下屋敷で始めた。時は文政後期、江戸時代の終わりも見えてきた頃だ。仲蔵は廃藩置県の後は松江に居を移し、籐細工を続けた。手がけたもののうち現存するのは、網目の細かい趣向を凝らした煙管入れや茶籠で、見事な出来栄えのそれらは飴色に変色し、一五〇年の経過を感じさせる。

次いで仲蔵の子の福太郎が現在まで長崎家に伝わる秘伝の「花結び編み」を考案。これは網目を六弁の花模様にする長崎家の外に出たことのない技だった。だが社会は刻々と変わり、早くも明治末には五軒ばかりあった同業者は廃業し、長崎家を残すのみとなっていた。

それでも代を継いだ当主たちはなんとか時代の変遷の中で製作しつづけた。炭の保存容器の炭斗《すみとり》をはじめとする籠や花入れの他、乳母車や籐椅子、または日本の民藝運動にも関わりの深いバーナード・リーチの助言を取り入れ、土瓶の把手《とって》を作るなど試みた。決定的だったのは、第二次世界大戦後のエネルギー革命と大量生産の時代の到来だった。もはや炭入れは必要なかった。また容器の素材は籐でなくともよく、モダンなデザインのプラスティック製品が幅をきかせるようになった。籐細工が必需品として生活に入り込む隙間は完全に塞がれた。

川口さんの師匠にあたる六代目の長崎誠さんは、病の床についた師、父の藤吉にこう言われたという。

「もうお前、こんな仕事はやめろ。他の仕事をしろ。つらい思いをせんでもいい」

母親は大学まで出した息子が家業を継ぐと知ると激高し、怒りが収まるのに一年近くかかったという。家人にも時代にも必要とされていない伝統を、それでも長崎誠さんはひきついだ。彼はこの仕事を選んだわけをこう述懐している。

「一〇〇年以上も続いた伝統を保存するとか珍しい仕事であるからでも決してなかった。代々職人として生きてきた家に生まれ、一度も家を離れなかった男として体を使って生きるのが当たり前と思えたし、真っ当な道と考えてしまったのである」

明治末に廃業を決めた同業者は立ち行かない暮らしに見切りをつけたのか。それとも進取の気象に富んでいたから別の方途を見出したのか。また長崎家が六代に渡って籐細工を家業としてきたのは伝統を墨守すべきと考えたからなのか。それともその家に生まれたものとして、その選択が当たり前と思えたのか。

おそらく「こんな仕事」であり「体を使って生きるのが当たり前」の「真っ当な道」でもあったろう。自らに恃《たの》むところはあっても、「一〇〇年を超えて経済的に恵まれなかった」ものでもあった。職人の家に生まれ、時代に合わない生き方を自ら選んだ誠さんは、継承されてきた「花結び」も自分の代限りにしようと考え、誰にも教えるつもりはなかった。

そんなある日、革のカバンを作っていた川口さんは松江市内で開催された展覧会で誠さんの作品に出会う。

川口さんは、新しいカバンの素材を探していた。当初は竹を検討していたのだが、曲げようとすると角ばってしまい、思うようなデザインにはならない。その点、籐は一八〇度以上曲げることができて、しかも折れない。

籐と革と組み合わせようと考えた川口さんは誠さんに製作を持ちかけた。だが、体調を理由に断られる。そこで川口さんは、「ざる編みの技術だけでも習っておけば、誰か継がない時に教えることはできるはず」と思い、松江で開かれていた教室で毎週手ほどきを受けた。それから五年が経っても後継者は現れなかった。やがて誠さんから、「一足の草鞋でもいいからやらないか」と言われ、継承者として指名された。

やがて、長崎家秘伝の「花結び」をようやく教えてもらうことができる日がやってきた。並べて編んでいく籐の本数を口頭で伝えられたが、参考にできる現物はなく、写真のみが手がかりだった。

師匠に言われた通り編んでも、写真のそれとは似ても似つかない。籐の厚みや力加減を変えて四ヶ月ばかり何度も試みた。その度に別物ができ上がる。これだけやっても違うのであれば、口頭で伝えられた籐の本数が違うのでは？　と川口さんが師に恐る恐る尋ねたところ、あっさり「そうかもしれない」と返された。

この逸話は、本来の意味での「客観性」を捉える上でとても示唆に富んでいる。口伝によって技を身につけた人はおそらく、手が素材の質や必要な本数を覚えている。だからきっと籐の数を間違えることはないはずだ。ただ、感覚が実際を決めることしか必要としない人が改めてデータを示すと、認識と実際の行いとのズレが無自覚のうちに生じる。

川口さんはこう言う。試行錯誤の結果、「おかげで材料の特性の違いや数が増えると形がどう変わるかの理屈がわかった」。理屈がわかれば客観性が獲得でき、他者に技の成り立ちを示すことができる。

主観を離れず、客観に自らを委ね切らないからこその強みがある。家伝という狭い範囲での伝承においては、抽象的な説明や技術のみを抜き出してマニュアル化する必然性が生まれない。その根っこにある情報にまどわされない姿勢が、却《かえ》って技を継ぐ者たちの豊かな個性を保証してきたのだろう。実際、長崎家は代々同じものを作っていない。その固有さはいずれも、単に「デザイン性に優れた」と評することがはばかられる、内実を持っている。

川口さんの話を聞いて思った。影響を受けにくいということが、流行り廃《すた》りに左右されない本質を伝える上で重要なのではないか。他者を排するのではなく、自然と自分の内に籠るような自閉性が生まれた時、ものの本質を捉えることができるようになるのかもしれない。

彼もまた長らく工房に籠ってひたすらものを作る時期が長かった。人と合わせるのが苦手で、うまく話ができない。「他の人と会わなくてすむのはこれしかない」と明かす。とは言え、ある程度は認知されないことにはお金は稼げないため、展示会や店で製品を紹介している。「世に出たくはないけれど、説明しないといけないからそうしているだけで、本当は説明しないでわかってもらうのが理想的だと思っています」

籠っている時期は、傍目には世の中から退いて見えるかもしれない。だが、私には世に出る構えを整えている期間のように思える。迂闊に前のめりになるのではなく、閉ざすことで進むべき時が自然とわかる。

時代の変化が緩やかであれば、自閉性を保持し、それでも影響を受けるべきものからは影響を受け、物作りに勤しむ環境が期待できた。だが、いまや人の手で作り出せない複雑なデザインも簡単に機械でできてしまう。おまけにものと長くつきあうよりも、トレンドにあった商品を素早く手に入れることを重視する生活では、籐細工は民藝の範囲で珍重されたとしても確実に時代から置き去りにされる。とはいえ、新規なデザインを目指せば技は脆くなる。

たとえば、ある程度の漆が入っていたら、合成塗料を使っていても漆器と名乗っていいのか。削り目を入れる「とびかんな」の文様を特徴とする焼き物がある。テーブルウェアとして使いやすくするため、削り目をプリントで再現したものを、同じように「とびかんな」と呼んでいいのか。その技が成り立つ過程があってこそ結果が生じる。過程も結果も変質しているならば、それは実体のない観念的な伝統でしかない。

同様のことは、伝統工芸に携わる人たちの多くが直面していることだろう。時代の歩調に合わせてしまえば、拠《よ》って立つところを見失う。かと言って完全に自閉すれば技は省みられることなく朽ちて行く。この葛藤を一気に解決する方法はないだろう。けれども川口さんの試みには、なにがしかの光明を感じさせる。

というのも、彼は長崎家では作られたことのないものを手がけたからだ。川口さんは、籐を用いたカバンを作った。持ち運びができる籐のもの入れは前例がないわけではない。先代たちは籠信玄という、籠に巾着を取り付けたもの入れを作っていた。しかし、和装ならまだしも洋服には似合わない。そこで川口さんは持ち手をつけることでカバンにすることを試みた。ただ持ち手を付けたのではなく、籠そして籠信玄、カバンとそれぞれの形態として完結しつつ、三つが調和したシルエットを持つカバンとしてのデザインになるよう腐心した。その発想の由来は「持ち手と巾着を取ってしまえば籠に戻ることをベースに考えた」ところにある。

籐の籠は一〇〇年はもつ。それを譲り受けた次世代の人がもし気に入らなかったら、持ち手を切るなり巾着を取るなりすれば、ものを入れて置くためのデザインを満たす籠に戻ることができる。

川口さんの行いには「分解する」という共通点が見られる。花結びの籠作りの試行錯誤は、籐の数と形の変化という理屈をもたらし、そのことでもともとの技術の成り立ちを解きほぐして理解することに繋がった。

そして、現代の生活様式に合わせたカバンのデザインに、本来の籠の役割を込め、いつでもそこに戻れる道を示した。どの試みも結果に至る過程を分解することで本来は、この技の意味するところは何か？　といった、由来の在り処を尋ねることになっている。

「山に籠って作れるならそれが一番いい」と川口さんは言う。閉ざした環境を求める感性が作り出したものに触れると、人はそれを求めたくなる。そうした伝播が起きるのがおもしろい。

私が川口さんの工房を訪れたのは、米子に強い風雪が吹き付ける日だった。慣れない身には当初、降雪のもたらす不便さばかりが目についた。普段とは違って交通機関が乱れる。予定通りにことが滑らかに運ばない。けれども思い通りにならない環境だからこそ、自分に必要な速度で考えること、あるいは作ることができるのではないか。

頭の中で思い描かれる「そうあるべき」ことと「まさにそうでしかない」のどちらが現実かといえば、後者の方だ。大都市の情報の流通の仕方に範を取れば、前者が取るべき道であり、世の中はそちらをいよいよ推し進めていくだろう。その流れを踏まえて思うのは、いままで私は人生のほとんどを「そうあるべき」ことのために費やし、それが取るべき道だと信じてきたということだ。

それは単なる信念であって現実とはまったく関わりのないことだったと言える。迷うべくして迷う道を選んできたのかもしれない。戻るべき道は現世を生きる上で後生大事にしている信念の外にあるのではないか。

おわりに

他人と自分や個人と社会、言葉と身体といった、対立しかねないものを取り上げる際、つい両者の理非を問い、互いの折り合いがつくような整った体裁を求めてしまう。そこが言葉で考えることの不思議さであり厄介なところで、きれいな答えという意味を欲しがる気持ちが湧いてくる。

けれども、現実は肯定や否定から導かれた解の通りに割り切れるほど単純なものではない。

だから現実に即して考えるならば「あれかこれか」の片側ではなく、「あれ」と「これ」とのあいだにまず注目すべきではないか。あいだには、私が安心できるような答えや意味では把握できない広がりがある。だからこそ自分で探求し、考えることができる。

綴った内容を振り返ると、エピソードは切れ切れでも「あいだ」への関心においいては一貫性があったと思う。

なぜあれとこれとのあいだにそうまでしてこだわるかと言えば、脇道にそれていくことで望める景色が見たいのだろう。エッジに立ちたい。それが私をまともにするかどうかわからないが、この世に無数に走る間道の在り処を見せてくれるようにはなるだろう。

【初出】

「ウェブ春秋」二〇一六年一一月～二〇一七年一〇月の連載に加筆訂正をほどこし、再構成した。第４章は書き下ろしである。

著者紹介

尹　雄大（Yoon Woong-Dae ユン・ウンデ）
1970年神戸生まれ。政財界人やアスリート、アーティストなど約1000人に取材し、そうした経験と様々な武術を稽古した体験をもとに身体論を展開している。主な著書に『やわらかな言葉と体のレッスン』（春秋社）、『体の知性を取り戻す』（講談社現代新書）、『増補新版 FLOW 韓氏意拳の哲学』（晶文社）など。
著者ＨＰ　http://nonsavoir.com/

脇道にそれる——〈正しさ〉を手放すということ

2018年５月20日　初版第１刷発行

著　者＝尹　雄大
発行者＝澤畑吉和
発行所＝株式会社　春秋社
〒101-0021　東京都千代田区外神田２—18—６
電話　(03)3255-9611（営業）(03)3255-9614（編集）
振替　00180-6-24861
http://www.shunjusha.co.jp/
印刷所＝株式会社　太平印刷社
製本所＝ナショナル製本協同組合
装　丁＝岩瀬　聡
カバー写真＝©iStock＋asbe

ISBN 978-4-393-36556-4　C0011
定価はカバー等に表示してあります

尹　雄大

やわらかな言葉と体のレッスン

最も身近な「感覚」の声を聞くために。インタビュアーとして様々な人と向き合い続けた著者が、ありふれた日常にある「からだ」と「世界」へ問いかける方法を描き出す新しい身体論。

1700円

高石宏輔

あなたは、なぜ、つながれないのか

ラポールと身体知

なぜ、言いたいことが言えず、気持ちを通わせられないのだろう。著者自身がギリギリの体験から導き出したコミュニケーションを磨く奥義を、やさしく伝授。宮台真司氏、推薦！

1600円

片岡恭子

棄国子女

転がる石という生き方

精神のバランスを崩し、荒治療のつもりで中南米へ。だが待っていたのはとんでもない事件の数々だった。常識の通じない旅で知った日本の閉塞感の正体。生のかけがえなさとは。

1700円

頭木弘樹

カフカはなぜ自殺しなかったのか？

弱いからこそわかること

二〇世紀最大の作家は、人生の折々で死を考えつつ、どのように人生を全うしたのか。日記と手紙を手がかりに、弱くあることの意味を再考する。現代人へのヒントに満ちた一冊。

1700円

松岡正剛

擬　MODOKI

「世」あるいは別様の可能性

超ジャンル的思索を基に現代の捉えがたい「世界」と「世間」を巡り縦横無尽に論を展開、来たるべき「世」を見据える。蕪村からミトコンドリア、アーリア主義、ヒッグス粒子まで！

1900円

▼価格は税別。